Karin Sönnerås

Programmieren im Kindergarten

Grundlagen und erste Übungen

Programmieren im Kindergarten
Grundlagen und erste Übungen

Autorin
Karin Sönnerås

Übersetzung aus dem Schwedischen
Katja Zöllner für Lund Languages, Köln

Gestaltung
Jeanette Frieberg, Buchgestaltung | Mediendesign, Leipzig

Lektorat
Verena Zansinger

Bildnachweis
Karin Sönnerås

Druckerei
LASERLINE, Berlin
Gedruckt auf chlorfrei gebleichtem Papier

Die schwedische Originalausgabe erschien unter dem Titel
Programmering i förskolan – Utveckla digital kompetens

Verlag
Bananenblau – Der Praxisverlag für Pädagogen
E-Mail: info@bananenblau.de
www.bananenblau.de

ISBN 978-3-946829-31-7

Inhaltsverzeichnis

Vorwort

Mein Interesse an Technik war schon immer groß. Als mein Mann Anfang der 1990er-Jahre von seinem Arbeitgeber angeboten bekam, einen Computer mit nach Hause zu nehmen, fand ich, wir sollten das Angebot annehmen. Er selbst war zunächst gar nicht so begeistert und meinte, dass er doch am Arbeitsplatz Zugang zu einem Computer habe, sodass wir Zuhause keinen eigenen Computer benötigten. Ich argumentierte damit, dass bei der Arbeit im Kindergarten Computer nicht relevant wären. Hätte ich geahnt, wie falsch ich damit lag. Ich war jedoch davon überzeugt, dass Computern in Zukunft eine viel größere Bedeutung beigemessen werden würden als vermutet und ich wollte bei der Entwicklung nicht hinterherlaufen. In der Hinsicht war ich wirklich zukunftsorientiert! Ich wollte ein Teil dieser Entwicklung sein und nicht später diejenige sein, die nichts versteht. So kam es dazu, dass wir schließlich unseren ersten Heimcomputer anschafften.

Seitdem sind einige Jahre vergangen, und ich bin immer noch froh, diesen Schritt gegangen zu sein. Heutzutage sind Computer in der Gesellschaft allgegenwärtig, egal ob es sich um digitale Werkzeuge wie Computer, Lerntablets oder Mobiltelefone handelt oder ob wir über programmierte Gegenstände sprechen. Smartphones sind im Prinzip nichts anderes als Computer im Taschenformat. Sie gehören zu unserem Alltag und dienen als Kamera, Informationsmedium, Übersetzungstool, Taschenrechner, Kommunikationszentrum, Filmeditor und Musikplayer, um nur einige Beispiele zu nennen. Als Erzieher[1] im Kindergarten ist es heute eine Selbstverständlichkeit und ein Muss, digitale Werkzeuge sowohl für die Dokumentation als auch für die Information sowie bei gemeinsamen Aktivitäten in der Kindergruppe anzuwenden.

Es ist aufregend, nun die Möglichkeit zu haben, in Buchform über meine Arbeit mit dem Programmieren zusammen mit meiner Kindergruppe berichten zu können. Ich hoffe, dass ich viele von Ihnen dazu anregen kann, das Programmieren in Ihren Kindergruppen auszuprobieren. Nutzen Sie das Buch als Inspirationsquelle, denn es gibt kein Richtig oder Falsch. Es geht darum, zusammen mit den Kindern mutig auszuprobieren, welche Methode genau zu Ihnen passt.

1 Um den Lesefluss nicht zu behindern, haben wir im Fließtext meistens die männliche Form gewählt. Es dürfen sich aber immer alle Geschlechter angesprochen fühlen.

Dass das Buch überhaupt zustande kam, verdanke ich vor allem meiner Kindergruppe im Kindergarten von Strannegården in Onsala in Schweden. Ohne eure Begeisterung und Bereitschaft, zusammen mit mir zu entdecken und zu lernen, hätte es niemals genug Material gegeben, um ein Buch zu schreiben. Ich möchte auch meiner Familie danken, die mich während des gesamten Prozesses unterstützt hat. Abschließend möchte ich Malin Malmström vom schwedischen Verlag Gothia Fortbildning Dank aussprechen, die mich unterstützt und konstruktive Kritik geübt hat und in den gesamten Entstehungsprozess des Buches involviert war!

Sie halten eine aktualisierte Version meines Buches in der Hand. Der Kindergarten in Schweden, in dem ich arbeite, hat inzwischen einen Lehrplan erhalten, in dem digitale Kompetenz einen Teil des Lehrauftrags bildet und auf dessen Grundlage ich Aktualisierungen vorgenommen habe. Auch die Auswahl an Apps und Robotern wurden überarbeitet, damit sie so aktuell wie möglich ist. Die Entwicklung in diesem Bereich verläuft unglaublich schnell, aber meine Erfahrungen in der Arbeit mit Kindern sind weiterhin von Belang. Entdecken Sie gemeinsam mit den Kindern und schaffen Sie geeignete Voraussetzungen für die Kinder, damit sie Kompetenzen erlernen, die sie in einer digitalen Gesellschaft brauchen.

Karin Sönnerås
November 2018

Einleitung

Mobiltelefone, Lerntablets und Computer sind ein ebenso selbstverständlicher Teil des Alltags der Kinder wie Legos, Bauklötze, Puppen, Autos und Fernseher. Außerdem sind sie etwas, das es in ihrem Leben schon immer gegeben hat. Wir leben in einer digitalisierten Gesellschaft, und für unsere Kinder ist dies selbstverständlich, denn für sie existiert nichts anderes. Dem müssen wir uns stellen, und wir müssen Verantwortung übernehmen, damit mithilfe der digitalen Technologie auch im Kindergarten gute Aktivitäten initiiert werden. Im gleichen Maße, wie sich die Gesellschaft verändert, muss sich auch der Kindergarten verändern. Die Zeiten, in denen wir sagen konnten „Nein, das interessiert mich nicht", sind vorbei. Das Zeitalter der Industrialisierung verlangte nach Menschen, die lesen, schreiben und rechnen können. In diesem Kontext entstand die traditionelle Schule. Nun müssen wir uns den Veränderungen stellen und einen Kindergarten erschaffen, der die Kompetenzen vermittelt, die für die digitalisierte Gesellschaft erforderlich sind. Jerker Porat (2017), Teacher Ambassador bei Microsoft Schweden, ist der Ansicht, dass das Lernen von Fakten nicht mehr im Vordergrund steht. Die Welt ist zu einer Informationsgesellschaft geworden, in der Informationen frei fließen und in der Fakten keine Fakten mehr sind, sondern Informationen, die sich entwickeln. Außerdem ist Porat (2017) der Ansicht, dass der Unterricht auf einem gemeinsamen Wissensaufbau beruhen muss. Wir müssen Möglichkeiten für digitale Teilhabe für alle schaffen.

Bereits 2007 legte die EU fest, dass digitale Kompetenz eine der acht Schlüsselkompetenzen ist, die jeder Bürger benötigt, um erfolgreich zu sein und sich aktiv in die Gesellschaft, in der wir leben, einzubringen (Europäische Gemeinschaften 2007). Die anderen Schlüsselkompetenzen sind: Kommunikation in der Muttersprache, Kommunikation in Fremdsprachen, mathematische Kenntnisse und grundlegende wissenschaftliche und technische Kompetenz, Lernfähigkeit, soziale und staatsbürgerliche Kompetenz, Eigeninitiative und Unternehmergeist sowie kulturelles Bewusstsein und kulturelle Ausdrucksformen. Einige dieser Kompetenzen überschneiden, ergänzen und unterstützen sich gegenseitig, doch alle werden als gleich wichtig angesehen und tragen zu einem erfolgreichen Leben in einer Wissensgesellschaft bei. In Schweden enthält der Lehrplan für Kindergarten und Vorschule das Ziel, den Großteil der Schlüsselkompetenzen wie Sprache und Kommunikation, Mathematik, Naturwissenschaften und

Technik, soziale Kompetenz und Wertegrundlage, Bereitschaft zur Übernahme von Verantwortung und zur Ausübung von Einfluss auf Aktivitäten sowie kulturelle Teilhabe anzustreben (s. Skolverket[2], Lpfö 98/16). Der überarbeitete Lehrplan umfasst seit dem 1. Juli 2019 auch die digitale Kompetenz. Der Auftrag der Vorschule bzw. des Kindergartens lautet: „Die Ausbildung soll den Kindern auch die Voraussetzungen dafür bieten, eine angemessene digitale Kompetenz zu entwickeln, indem sie die Möglichkeit erhalten, ein Verständnis für die Digitalisierung, die ihnen im Alltag begegnet, zu entwickeln. Den Kindern soll die Möglichkeit gegeben werden, einen kritischen und verantwortungsvollen Umgang mit digitaler Technologie zu entwickeln, damit sie langfristig Möglichkeiten erkennen und Risiken verstehen sowie Informationen bewerten können." (Skolverket, Lpfö 18). Nun müssen wir in einer Weise unterrichten, dass der Erwerb der digitalen Kompetenzen ein selbstverständlicher Bestandteil der Arbeit im Kindergarten wird.[3]

Unsere Aufgabe im Kindergarten besteht darin, den Kindern gute Bedingungen zu bieten, um im digitalen Zeitalter zu lernen und sich zu entwickeln. Gerade jetzt ist der Zeitpunkt, an dem die richtig spannenden Dinge geschehen. Bei meiner Arbeit mit der Vermittlung von digitalen Kompetenzen und dem Programmieren habe ich mich selbst zum ersten Mal wirklich als mitentdeckende Erwachsene empfunden. In den meisten anderen Fällen, als ich die mitentdeckende Pädagogin sein wollte, handelte es sich um Phänomene und Erfahrungen, bei denen ich die Antwort in Wahrheit bereits kannte. Ich weiß, was schwimmt und sinkt, welches Tier hier entlanggegangen ist oder was geschieht, wenn wir Schnee in ein warmes Zimmer hereinbringen. Wenn es um digitale Werkzeuge geht, weiß ich nicht wirklich alles, denn es gibt so viel Neues, und es kommen ständig neue Dinge hinzu. Zusammen mit den Kindern kann ich nun erforschen, was passiert und geschieht und wie die Dinge funktionieren, während wir durch unterhaltsames Lernen Dinge gemeinsam erforschen und entdecken. Die digitalen Werkzeuge können auf so viele verschiedene Arten verwendet werden, und sie entwickeln und verändern sich ständig. Dies bedeutet, dass sich auch der Beruf des Lehrers und Erziehers verändern wird. Wir müssen uns trauen, auf eine neue Art und Weise smart zu denken. Es ist ein historischer Wandel, an dem wir beteiligt sind, und es macht Spaß, ein Teil davon zu sein. Wenn wir mit der Beteiligung der Kinder warten sollen, bis sich alle Pädagogen

2 schwedische Behörde für Schule und Erwachsenenbildung (Nationale Agentur für Bildung)
3 Wir möchten auf eine Abgrenzung zum deutschsprachigen Raum hinweisen, in dem sich „digitale Kompetenz" vor allem auf das technische Verständnis digitaler Geräte bezieht. Das kritische Hinterfragen und der verantwortungsvolle Umgang sind allerdings die Kompetenzen, die uns wichtig sind. Im Verlauf des Buchs verstehen wir „digitale Kompetenz" daher immer als den erweiterten Begriff, wie er im Schwedischen verstanden wird.

sicher fühlen und alles über die digitalen Werkzeuge wissen, dann müssen auch die Kinder warten. Wir Pädagogen kennen den Lehrplan und die Pädagogik, die Kinder kennen die Technologie, und zusammen können wir große Dinge erreichen.

Die Möglichkeit für Kinder, digitale Kompetenz zu entwickeln, darf nicht davon abhängen, dass es Enthusiasten gibt, die sich für dieses spezielle Thema begeistern. Da die digitale Technologie unseren Alltag durchdringt und immer wichtiger wird, um in der Gesellschaft handeln zu können, ist es wichtig, dass bereits im Kindergarten mit dem Programmieren begonnen wird und die Möglichkeit besteht, digitales Denken zu üben. Die Kinder sollen die Möglichkeit haben, die Werkzeuge anzuwenden. Ein frühes Interesse bei den Kindern zu wecken, ist auch eine Frage der Chancengleichheit, damit die Innovationen und die gesellschaftliche Entwicklung der Zukunft im Interesse aller geschehen und nicht nur im Interesse der jungen Männer, die viele Computerspiele gespielt haben und diese Fähigkeiten später in ihrem Berufsleben einsetzen können. Digitale Kompetenz wird in der Zukunft eine Voraussetzung für die meisten Berufe sein, unabhängig von der Branche. Nach der Stiftung für strategische Forschung (2014) wird in den kommenden 20 Jahren jede zweite Arbeitsstelle automatisiert werden. Dies wird sich natürlich auf den zukünftigen Arbeitsmarkt auswirken. Dies bedeutet, dass der Bedarf an Programmierern in Zukunft groß sein wird. Natürlich muss nicht jeder Programmierer werden, aber die meisten werden mit programmierten Gegenständen, digitaler Technologie und digitalen Werkzeugen in Kontakt kommen, unabhängig von ihrem Beruf.

Ich für meinen Teil begann im Herbst 2014 zusammen mit einer Gruppe von sechs Kindern, von denen das jüngste keine drei und das älteste fünf Jahre alt war, mit dem Programmieren zu arbeiten. Es war das erste Mal, dass ich mich mit einer Kindergruppe dem Programmieren widmete, und wir haben es gemeinsam entdeckt und gelernt. Wir haben verschiedene Apps und auch physische Roboter verwendet, uns gegenseitig „programmiert" und sowohl drinnen als auch draußen im Schnee im Hof Programmierpfade geschaffen. Dies war eine Arbeit, die sowohl mich als auch die Kinder faszinierte, und je mehr wir lernten, desto mehr konnten wir machen. Seitdem führe ich die Kinder, die neu in den Kindergarten kommen, in das Programmieren ein. Ich habe die Erfahrung gemacht, dass das Verständnis für digitale Werkzeuge von Jahr zu Jahr größer wird. Das Arbeiten mit dem Programmieren, das sich 2014 seltsam und schwierig anfühlte, ist heute eine Selbstverständlichkeit. Es ist ein fantastischer Vorteil und eine Herausforderung, im Kindergarten arbeiten zu dürfen und mit dabei zu sein, eine Grundlage für die Zukunft zu schaffen.

1

Digitale Kompetenz und Programmieren

Leitlinien und Forschung

Die Kommunikationsfähigkeit ist für das Lernen und die Entwicklung von Kindern und für ihre zukünftige Teilhabe an der Gesellschaft von zentraler Bedeutung. Bei dieser Arbeit spielt der Kindergarten eine wichtige Rolle. Das Ziel besteht darin, dass alle Kinder über eine ausreichende digitale Kompetenz verfügen sollen und dass bis zum Jahr 2022 für fünf Kinder jeweils ein digitales Werkzeug zur Verfügung steht (vgl. Holmqvist & Paulsson, 2017). Das lebenslange Lernen muss so früh wie möglich beginnen, um eine solide Grundlage zu schaffen, egal um welches Thema es sich handelt. Die Arbeit mit dem Programmieren ist für die Erzieher eine Möglichkeit, die digitalen Fähigkeiten sowohl von Kindern als auch von sich selbst zu entwickeln und herauszufordern.

Digitale Kompetenz im Lehrplan

Die Grundschule, der Kindergarten und der Kinderhort haben einen überarbeiteten Lehrplan mit Stärkung der digitalen Kompetenz erhalten, der seit dem 1. Juni 2018 in Schweden Gültigkeit hat (s. Skolverket, Lgr11/18).

Am 23. August 2018 beschloss die schwedische Regierung einen überarbeiteten Lehrplan für die Kindergärten herauszubringen, mit dem Ziel, den Lehrauftrag zu verdeutlichen und die Qualität zu verbessern. Das Lesen wird hervorgehoben: Sowohl durch lautes Vorlesen als auch durch das Besprechen von verschiedenen Texten sollen die Kinder die Voraussetzungen bekommen, ihr Sprachvermögen zu entwickeln. Die Regierung betont auch die wichtige Rolle der Erzieher und die besondere Verantwortung der Erzieher im Kindergarten für den Unterricht im Vorschulalter. Zum ersten Mal wird darin das Recht der Kinder auf sowohl körperliche als auch persönliche Integrität festgehalten. Im Hinblick auf die Digitalisierung liegt das Hauptaugenmerk auf dem angemessenen digitalen Kompetenzerwerb und darauf, dass die Kinder digitale Werkzeuge in einer Weise nutzen können, die die Entwicklung und das Lernen anregen. Die Kinder sollen die Voraussetzungen erhalten, ein „Interesse an Geschichten, Bildern und Texten in verschiedenen, sowohl digitalen als auch anderen Medien sowie ihre Fähigkeit, diese zu nutzen, zu interpretieren, zu hinterfragen und über sie zu sprechen" zu entwickeln. Sie sollen auch „die Möglichkeit bekommen, durch die Anwendung verschiedener, sowohl digitaler als auch anderer Materialien und Techniken zu konstruieren, zu formen und zu erschaffen" (Skolverket, Lpfö 18). Der Leiter trägt die Verantwortung für die Bereitstellung einer guten und verfügbaren Lernumgebung mit Zugang zu digitalen Lernwerkzeugen.

Skolverket, die Nationale Agentur für Bildung Schwedens, definiert digitale Kompetenz in ihren Leitlinien in vier Grundzügen. Es geht darum,

- verstehen zu können, wie sich die Digitalisierung auf die Gesellschaft und den Einzelnen auswirkt,
- digitale Werkzeuge und Medien anwenden und verstehen zu können,
- mit digitaler Technologie kritisch und verantwortungsvoll umgehen zu können,
- Probleme lösen und Ideen in die Tat umsetzen zu können.

Skolverket betont auch, dass die digitale Kompetenz nicht als statisch betrachtet werden sollte, sondern als sich im Laufe der Zeit verändernd. Sie wird sowohl davon, wie sich die Gesellschaft verändert, als auch dadurch, wie sich die Technologie wandelt, beeinflusst (vgl. Skolverket, Digitale Kompetenz 2018). Es geht darum, digitale Lernumgebungen für das Spielen und Lernen von Kindern in einem modernen Kindergarten zu entwickeln. Das Programmieren wird nicht gesondert erwähnt, aber Skolverket ist der Ansicht, dass dem nichts im Wege stehe, dass die Kindergärten damit arbeiten (vgl. Holmqvist & Paulsson 2017). Ganz im Gegenteil ist es gut, wenn die Kinder schon früh grundlegende Fähigkeiten erwerben.

Es ist einfacher, Forscher und Experten zu finden, die in Bezug auf Programmieren und Digitalisierung über die Welt der Schule sprechen, aber vieles von dem, was sie ansprechen, betrifft auch die Kindergärten.

Eine der Expertinnen, die sich zu dem Thema geäußert hat, ist Linda Mannila, Forscherin und Dozentin für Informatikdidaktik und Bildungstechnologie. Sie ist nicht nur in der Forschung aktiv, sondern auch eine wichtige Stimme der Schulentwicklung und Digitalisierung in Finnland und Schweden. Die Videoserie *Kan du koden?* (Kannst du programmieren?) ist eine Produktion des schwedischen Yle.fi (Finnlands Rundradio) in Zusammenarbeit mit Mannila, die die Grundlagen des Programmierens vermittelt und sich in erster Linie an Kinder im Alter von

9 bis 15 Jahren richtet. Zum Programmieren im Lehrplan der Schule äußert sich Mannila in einem Artikel auf der Nachrichtenseite ComputerSweden.idg.se: „Software wird in alle Bereiche der Gesellschaft vordringen. Die Digitalisierung ist allgegenwärtig." Und: „Programmieren ist ein neuer Teil der Allgemeinbildung – ich denke, das ist ein ausreichendes Argument, um es in den Grundschullehrplan aufzunehmen." (Lundström, 2016). Auch Linda Liukas, Programmiererin, Autorin und Illustratorin, führt in ihrer Buchreihe *Hello Ruby* in die Grundlagen des digitalen Denkens ein. Über das Programmieren im Lehrplan sagt Liukas in einem Interview auf Internetworld.idg.se: „Es muss nicht jeder Programmierer werden, aber in der Lage zu sein, so zu sprechen und sein Denken so zu strukturieren, dass ein Computer dies versteht, ist eine wichtige Zukunftskompetenz." (Åberg, 2015). Sowohl Mannila als auch Liukas weisen darauf hin, dass Programmieren so viel mehr ist als nur Kodierung. Digitales Denken ist das zentrale Konzept des Programmierens, und es geht ganz simpel um Problemlösung, das heißt große Probleme in kleinere Probleme zu zerlegen, nach Mustern zu suchen, Schritt-für-Schritt-Pläne zu erstellen und alte Denkmuster aufzubrechen.

Bei Skolverket stehen Ausbildungsmaterialien mit dem Namen *Om programmering* (Über das Programmieren) zur Verfügung, die einen Einblick geben, wie das Thema Programmieren in der Vergangenheit angewendet wurde und wie dies heute aussieht.

Es handelt sich um ein Webinar, das das Bewusstsein für die Auswirkungen des Programmierens in der Gesellschaft schärft und auch den Fortschritt in Hinsicht auf das Programmieren in den Lehrplänen aufzeigt. In der Ausbildung geht es nicht darum, wie wir mit dem Programmieren arbeiten sollen, sondern darum, was Programmieren ist und wie es Möglichkeiten schaffen kann, dass Kinder angemessene digitale Fähigkeiten entwickeln (vgl. Skolverket, 2017).

Neue Möglichkeiten mit digitalen Werkzeugen

Laut Kristina Alexandersson (2017) von der Internetstiftung in Schweden kann Digitalisierung bedeuten, dass wir den Computer dafür benutzen, was er am besten kann. Es gibt keinen Pädagogen, der die gleiche Frage immer wieder beantworten kann, ohne irgendwann die Geduld zu verlieren. Ein Computer hat keine Gefühle, und er kann sich endlos wiederholen. Alexandersson sieht klare Vorteile darin, dass die Kinder so lange, wie sie wollen und wie sie es benötigen, üben können, wie Buchstaben aussehen oder wie die Uhr funktioniert. Dies erschafft einen Kindergarten, in der jedes Kind die Möglichkeit bekommt, sich in seinem eigenen Tempo zu entwickeln. So haben wir Zeit, uns Dingen zu widmen, die auf der Beziehung zwischen den Pädagogen und den Kindern oder zwischen den Kindern untereinander beruhen. Wir bekommen auch Zeit für einen Unterricht, in dem wir mit Prozessen und Problemlösungen sowie einem gemeinsamen Wissensaufbau, der die Zukunft gestaltet, arbeiten.

Zur Digitalisierung der Gesellschaft sagt Darja Isaksson, ein Mitglied des Innovationsrates der schwedischen Regierung, in einem Artikel für Forskning.se: „Ich denke, wenn in der nahen Zukunft aufgrund des technischen Fortschritts eine weitgehende Arbeitslosigkeit entsteht, dann liegt das an unserem Unvermögen, uns umzustellen, nicht am technischen Fortschritt an sich. Wir sollten darüber sprechen, wie wir Anreize schaffen und wie wir gut darin werden, die neuen Möglichkeiten zu ergreifen." (Kättström, 2016). Sie sieht Bildung auf diesem Gebiet als einen Schlüssel, um die neuen Möglichkeiten, die durch die neue Technologie entstehen, kontinuierlich besser kennenzulernen.

Die Digitalisierungsstrategie in Schweden

Am 18. Mai 2017 wurde eine Digitalisierungsstrategie für Schweden veröffentlicht, die ausdrücklich festlegt, dass das Ziel darin besteht, dass „Schweden das beste Land der Welt werden soll, die Möglichkeiten der Digitalisierung zu nutzen" (Regeringskansliet 2017b). In der Digitalisierungsstrategie werden fünf Teilziele hervorgehoben, nämlich digitale Kompetenz, digitale Sicherheit, digitale Innovation, digitales Management und digitale Infrastruktur. Sie stellen alle wichtigen Aspekte dafür dar, dass die Digitalisierung zu einer positiven sozialen Entwicklung beitragen kann (Regeringskansliet 2017/05). Dies steht im Einklang mit den überarbeiteten Lehrplänen. Wir haben eine wichtige Aufgabe vor uns, wenn wir gemeinsam einen modernen Kindergarten erschaffen wollen, der den Erfordernissen einer digitalen Gesellschaft entspricht. Wir alle setzen uns dafür ein, die bestmöglichen Bedingungen für eine gleichberechtigte Gesellschaft zu schaffen, in der sich möglichst viele aktiv beteiligen und zur sozialen Entwicklung beitragen.

Studien zu digitalen Werkzeugen im Kindergarten

Susanne Kjällander, Lektorin an der Fakultät für Kinder- und Jugendwissenschaften der Universität Stockholm, ist eine der wenigen, die die Verwendung von Lerntablets im Kindergarten erforscht haben. In einem Interview auf Forskolan.se sagt sie, die beste Methode, digitale Werkzeuge im Kindergarten einzusetzen, bestehe darin, die Kinder gemeinsam Inhalte erstellen zu lassen. Kreatives Arbeiten mit dem Lerntablet und das Mischen von digitaler und analoger Arbeit haben auch den positiven Effekt, dass sich die Kinder mehr bewegen. Außerdem wird in dem Artikel darauf hingewiesen, dass das Fehlen von Studien zu digitalen Werkzeugen auf die Tatsache zurückzuführen ist, dass die Technologie zu neu ist und sowohl Studien als auch Erfahrungen dazu nur begrenzt existieren (vgl. Brising, 2016).

Skolverket ist der Ansicht, dass Kindergarten und Schule auf Forschung und bewährten Erfahrungen aufbauen sollen. Dies ist der Kern einer erfolgreichen Schulentwicklung (vgl. Skolverket, 2015). Doch Carl Heath (2017), der Leiter für Digitalisierung und Lernen bei RISE, Research Institutes of Sweden Interactive, ist der Ansicht, dass dies in Bezug auf die Digitalisierung fast unmöglich sei. Da die Entwicklung so rasant voranschreitet, gibt es keine ausreichend aktuellen Forschungsergebnisse. Die neuen Dinge, die wir ausprobieren, meint Heath (2017), werden zu den bewährten Erfahrungen. Wir müssen darauf vertrauen, dass wir die Grundsätze und die Pädagogik kennen. Wir müssen immer wieder Dinge ausprobieren. Derweil wird eine neue Technologie entwickelt. Anschließend müssen wir das überdenken, was wir zuvor getan haben. Wir müssen das Wissen zusammen mit den Kindern erschaffen: dokumentieren, analysieren, bewerten und erneut ausprobieren. Eine digitale Kompetenz unterliegt einem steten Wandel, genau wie digitale Werkzeuge.

Digitale Gewohnheiten und kritisches Hinterfragen

Wir haben gelernt, wie man mit Computern, Lerntablets und Smartphones umgeht, und betrachten sie als einen natürlichen Bestandteil der modernen Gesellschaft. Doch es wird immer mehr intelligente Geräte geben, Dinge, die programmiert sind, um Aufträge auszuführen und Aufgaben für uns zu lösen. Ausgestattet mit Sensoren und Prozessoren können diese Geräte die Außenwelt wahrnehmen und sich an unterschiedliche Situationen anpassen, um intelligente Lösungen zu finden. Das *IoT* (Internet of Things), das Internet der Dinge, ist bereits Wirklichkeit. *AR* (Augmented Reality), die erweiterte Realität, ist auch etwas, das mehr und mehr Einzug in unser Leben hält. Anstatt uns bloß vorzustellen, ob das Sofa, das wir kaufen möchten, in unser Wohnzimmer passen könnte, können wir es mithilfe der *AR*-Technologie dort digital platzieren und sehen, wie es aussehen würde. Was als nächstes kommt, wissen wir nicht. Was heute existiert, gab es vor fünf Jahren noch nicht, und wir haben keine Ahnung, was es in fünf Jahren Neues geben wird. Doch wenn wir wollen, dass unsere Kinder die Zukunft mitgestalten, dann müssen wir ihnen so viel mit auf den Weg geben, wie wir nur können.

Alexandersson (2017) weist darauf hin, dass Kinder verstehen müssen, damit sie kritisch und innovativ sein können. Mit neuen digitalen Gewohnheiten und all den intelligenten Gegenständen kommt auch der Quellenkritik eine neue Rolle zu. Es geht nicht nur darum, die Quelle zu prüfen, also herauszufinden, wer die Website erstellt hat, zu welchem Zweck sie erstellt wurde, wie sie aussieht, ob sie glaubwürdig ist und ordnungsgemäß funktioniert. Es geht auch um allgemeine Orientierung. Carl Thomas Nygren, Forscher für Quellenkritik, kritisches Denken, Menschenrechte und digitale Medien, äußerte sich in einem Interview auf Lärarnastidning.se, dass man für eine kritische Überprüfung das Thema kennen sowie wissen muss, wie Dinge zusammenhängen. Seiner Ansicht nach muss das Ziel darin bestehen, dass sich Kinder, wenn sie in der digitalen Welt auf Informationen stoßen, fragen sollten: „Woher weiß ich, dass das wahr ist?“ (Duregård, 2017). Durch die ständige Gegenwart der Digitalisierung werden bereits in jungen Jahren höhere Anforderungen an quellenkritisches Denken gestellt. Die neue Gesellschaft, die im Entstehen begriffen ist, weist uns an, den Informationsfluss kritisch zu hinterfragen und als bewusste Bürger der Gesellschaft zu handeln. Doch sie bietet auch beispiellose Möglichkeiten für die Kreativität und Chancen, Ideen in die Realität umzusetzen. Gemeinsam erforschen und lernen Kinder und Erwachsene nebeneinander und sammeln neue Kenntnisse und Erfahrungen in einem modernen Kindergarten.

> *"Everybody should learn how to program a computer, because it teaches you how to think."*
>
> Steve Jobs

Was ist Programmieren?

Einfach ausgedrückt geht es darum, eine Maschine oder einen Teil einer Maschine dazu anzuweisen, eine bestimmte Arbeit auszuführen. Alle technischen Geräte um uns herum, mit denen wir fantastische Dinge tun können, die für uns Menschen selbst schwierig wären, würden rein gar nichts machen, wenn sie kein Mensch zuvor programmiert hätte. Doch beim Programmieren geht es darum, eine Sprache zu verwenden, die ein Computer verstehen kann: eine Programmiersprache. Im Grunde versteht der Computer nur Maschinencode, der aus Einsen und Nullen besteht, der für uns Menschen aber schwierig zu verwenden wäre. Deshalb wurde eine Vielzahl verschiedener Programmiersprachen erfunden, die dann in Maschinencode übersetzt werden, damit der Computer sie verstehen kann. Der Computer wandelt den Maschinencode um und präsentiert ihn dem Benutzer als visuellen und/oder akustischen Inhalt. Es gibt eine Vielzahl verschiedener Programmiersprachen. Einige Beispiele sind Ruby, Javascript, Phyton, Assembly, HTML, Scala und Scratch. Die verschiedenen Sprachen funktionieren alle gut, eignen sich aber für verschiedene Dinge: Um ein Spiel zu erschaffen, wird eine Sprache verwendet, um eine Website zu erstellen, kommt eine andere Sprache zum Einsatz, die besser darauf zugeschnitten ist. Sprachen haben unterschiedliche Funktionen für unterschiedliche Zwecke. Klammern sind eine Komponente, die in allen verschiedenen Programmiersprachen zu finden ist. Bei der Arbeit mit dem Programmieren im Kindergarten wird in der Regel Blockprogrammierung verwendet, die im Abschnitt Blockprogrammierung näher beschrieben wird.

Konzepte des Programmierens

Für das Programmieren ist es gut, einige der verschiedenen existierenden Konzepte kennenzulernen. Dies ist wichtig, damit wir bei der Arbeit mit den Kindern die korrekten Wörter und Begriffe verwenden können, so wie wir Kreis anstelle von Ring und Quadrat oder Rechteck anstelle von Viereck sagen. Dies ist eine sprachliche Bereicherung für die Kinder und verschafft ihnen einen guten Ausgangspunkt, damit sie ihr Wissen weiterentwickeln können.

Der Computer arbeitet mit *Daten*, bei denen es sich um unsortierte Informationen handelt. Es geht darum, alle unnötigen Informationen auszusortieren. Wenn dies geschehen ist, gibt es einen *Befehl*. Das ist eine einzelne klare Anweisung, die nicht bearbeitet werden muss. Eine Reihe von Befehlen, die nacheinander in der richtigen Reihenfolge ausgeführt werden sollen, ist eine *Sequenz* – zuerst, dann, zuletzt. Eine Sequenz ist ein Abschnitt eines *Codes*. Der Code ist die Sprache, die der Computer versteht. Nachdem wir die Sequenzen des Befehls zu einem Code zusammengesetzt haben, haben wir einen *Algorithmus* erstellt. Um programmieren zu können, müssen wir mit Algorithmen arbeiten können. Ein Algorithmus kann als ein begrenzter Satz an Befehlen zur Lösung eines bestimmten Problems oder einfach als eindeutiger Befehl zur Ausführung einer bestimmten Arbeit oder Aufgabe beschrieben werden. Ein *Bot* ist ein Computerprogramm, das programmiert wurde, um einfache Aufgaben nach einem bestimmten Muster auszuführen oder auf Veränderungen in der Umgebung zu reagieren. Er arbeitet relativ selbstständig. Man kann seinem Computer leicht dabei helfen, Entscheidungen zu treffen. Dies bedeutet, erklären zu können, welche Bedingungen gelten. Wenn dies passiert, mache das, wenn etwas anderes passiert, mache etwas anderes – wenn, dann, ansonsten. Ein *Flussdiagramm* ist eine grafische Beschreibung eines Algorithmus. Es zeigt, wie der Computer beim Sortieren von Daten mit Bedingungen arbeitet. Die grafische Struktur kann aus verschiedenen Quadraten oder Kreisen bestehen, die durch Pfeile verbunden sind, um die Reihenfolge im Flussdiagramm aufzuzeigen. Die Lösung ist in Sequenzen unterteilt, und jede Grafik enthält eine kurze Beschreibung der Bedingung oder des Befehls. Das Flussdiagramm wird zum Dokumentieren oder Verwalten eines Prozesses oder eines Programms innerhalb eines Bereiches verwendet.

Wir müssen auch in der Lage sein, den Computer dazu zu bringen, Dinge zu wiederholen, zu wissen, wie wir ihn starten und stoppen – so werden *Loops* erzeugt. Dem Computer wird mitgeteilt, dass bei der Erfüllung einer Bedingung eine Sequenz wiederholt werden soll, bis die Bedingung nicht mehr erfüllt wird. Hierzu muss er direkt zu dem Code springen, der direkt nach dem Loop folgt. Häufig gibt man an, wie oft die Schleife wiederholt werden soll, bevor es Zeit ist, mit dem nächsten Code fortzufahren.

Wenn Probleme auftreten, *Bugs*, dann hängt dies meistens von zwei Dingen ab. Entweder von *Syntaxfehlern*, was bedeutet, dass der Programmierer ein Zeichen falsch geschrieben oder vergessen hat, oder von einem *logischen Fehler*, das heißt dass der Code nicht die richtigen Dinge in der richtigen Reihenfolge tut. Wenn wir mit den Kindern mit der Blockprogrammierung arbeiten, treten keine Syntaxfehler auf, da der Code nicht manuell geschrieben wird. Häufig treten jedoch logische Fehler auf. Dann ist es wichtig, mit der Fehlersuche zu beginnen, um herauszufinden, was schiefgegangen ist. Die Herausforderung beim Programmieren besteht darin, die Blöcke richtig zu platzieren, damit der Code die richtigen Dinge in der richtigen Reihenfolge ausführt. Es ist auch wichtig, in der Lage zu sein, große Probleme in kleinere Probleme zu zerlegen, *Schritt-für-Schritt-Pläne* zu erstellen, nach Mustern zu suchen und gewohnte Denkmuster aufzubrechen.

Dies sind die zentralen Konzepte des Programmierens und die Grundlagen des digitalen Denkens. Um es noch besser zu verdeutlichen, können wir es mit einem Rezept vergleichen. Um einen Rührkuchen backen zu können, brauchen wir eine klare Anweisung, einen *Algorithmus*. Wir müssen wissen, welche Aufgaben zu erledigen sind, welche *Befehle* erforderlich sind. Doch genauso wichtig ist es, die Dinge in der richtigen Reihenfolge zu tun und *Sequenzen* zu verwenden. Wir müssen zuerst Eier und Zucker schaumig schlagen, bevor wir das Mehl, das Backpulver und den Vanillezucker untermischen, um schließlich die geschmolzene Butter und Milch unterrühren zu können. Doch der Rührkuchen ist noch nicht fertig, sondern wir müssen das Rührkuchen-Problem in kleinere Probleme zerlegen und einen *Schritt-für-Schritt-Plan* erstellen – den Ofen einschalten, die Form fetten und bestreuen, den Teig herstellen, ihn in die Form gießen, in den Ofen stellen, die Form wieder aus dem Ofen herausnehmen, und erst dann ist der Rührkuchen fertig.

Dieses digitale Denken, bei dem es darum geht, große Probleme in kleinere Probleme zerlegen zu können, Schritt-für-Schritt-Pläne zu erstellen, nach Mustern zu suchen und gewohnte Denkmuster aufzubrechen, bedeutet, analytisches Denken zu entwickeln. Eine strukturierte Arbeitsweise ist entscheidend, um Probleme zu lösen, und Verallgemeinerungen vornehmen zu können.

Blockprogrammierung

In groben Zügen handelt es sich bei der Blockprogrammierung darum, Code durch die Anwendung verschiedener Blöcke zu schreiben, was dem Zusammensetzen eines Puzzles ähnelt. Die Teile passen ineinander und müssen zusammen das Ganze bilden, das zur Erfüllung der auszuführenden Aufgabe erforderlich ist. Diese Art des Programmierens ist eine Möglichkeit, die Grundlagen des Programmierens zu verstehen und selbst programmieren zu können.

Blockprogrammierung ist eine visuelle Programmiertechnik und die beste Methode, um das Programmieren unabhängig vom Alter einzuführen. Es gibt eine Reihe von grundlegenden Befehlen – vorwärts, zurück, rechts und links –, die im Prinzip immer enthalten sind. Zu Beginn werden die Blöcke zusammen mit jeweils einem Befehl für jeden auszuführenden Teil erstellt. Die Blöcke mit den Befehlen werden immer von oben beginnend gelesen und dann der Reihe nach bis zum letzten Block ganz unten ausgeführt. Der Schwierigkeitsgrad steigt schnell durch das Hinzufügen von Zahlen, die mit dem Basisbefehl verknüpft werden.

Wie viele Schritte vorwärts sind erforderlich, bevor es Zeit ist abzubiegen? Der Platz ist begrenzt, und jetzt kommt die Fähigkeit ins Spiel, ein größeres Problem in kleinere Probleme zerlegen zu können. Es müssen sehr viele Blöcke zusammengebaut werden, allein um eine Vorwärtsbewegung mit sechs Schritten, eine Kurve nach links und fünf weitere Vorwärtsschritte zu machen. Das Sammeln aller Vorwärtsschritte in der ersten Sequenz, das Hinzufügen einer Linkskurve und dann das Sammeln aller Vorwärtsschritte in der zweiten Sequenz ergibt nur drei Blöcke, die einfach und überschaubar sind – vorwärts-6, Linkskurve, vorwärts-5.

In der nächsten Schwierigkeitsstufe geht es darum, Loops hinzuzufügen. Dafür ist die Fähigkeit zur Erkennung von Mustern wichtig, um den Pfad analysieren, das Muster erkennen und verstehen zu können, welche Befehle erforderlich sind, um einen Teil des Musters zu erfassen. Wenn das zum Erreichen des Ziels erforderliche Befehlsmuster „vorwärts, Linkskurve, vorwärts, vorwärts, Rechtskurve, vorwärts“ lautet und viermal wiederholt wird, ist es an der Zeit, den Loop einzuführen. Anstatt zu schreiben, dass das Befehlsmuster viermal wiederholt wird, schreibt man, dass es viermal geloopt wird. Es wird viel klarer, wenn es wie folgt ausgedrückt wird: (vorwärts, Linkskurve, vorwärts, vorwärts, Rechtskurve, vorwärts)4, anstatt viermal die gleiche Befehlssequenz zu verwenden – vorwärts, Linkskurve, vorwärts, vorwärts, Rechtskurve, vorwärts, vorwärts, Linkskurve, vorwärts, vorwärts, Rechtskurve, vorwärts, vorwärts, Linkskurve, vorwärts, vorwärts, Rechtskurve, vorwärts, vorwärts, Linkskurve, vorwärts, vorwärts, Rechtskurve, vorwärts. Die erste Alternative ist viel übersichtlicher und leichter zu befolgen. Es wird hervorgehoben, welches Muster wiederholt werden soll, das heißt welche Loops angewendet werden. Je nachdem, was programmiert wird und in welchem Zusammenhang, stehen möglicherweise weitere Befehle zur Verfügung, z. B. springen, aufnehmen, ablegen, anhalten usw. Sie funktionieren in der gleichen Weise wie die Grundbefehle, sorgen für eine angenehmere Benutzererfahrung und geben dem Programmierpfad einen Inhalt, sodass Aufgaben und Herausforderungen erschaffen werden können, während das Programmieren geübt wird.

2

Programmieren im Kindergarten

Erste Schritte

Wie kann man also konkret damit beginnen, im Kindergarten mit dem Programmieren zu arbeiten? Am wichtigsten ist es, sich auf das digitale Denken zu konzentrieren, Probleme zu analysieren und zu lösen, ein größeres Problem in kleinere Probleme aufzuteilen, Schritt-für-Schritt-Pläne zu erstellen, Muster zu finden und gewohnte Denkmuster aufzubrechen. Es ist nicht notwendig, alle auf dem Markt befindlichen Programmiergeräte zur Hand zu haben, die außerdem auch immer zahlreicher werden. Wie immer ist die Hauptsache, was wir tun und warum wir es tun. Was wir erreichen wollen, ist, dass die Kinder dieses Gefühl haben: „Ich möchte etwas und habe das Gefühl, dass ich das, was ich programmiere, dazu bringe, das zu tun, was ich möchte." Die Kinder können hier den ersten Schritt in die Richtung gehen, digitale Technologie zu erschaffen anstatt sie zu konsumieren, ohne überhaupt zu verstehen, wie sie funktioniert. Das Programmieren dient für sie als Werkzeug zum Verständnis von digitaler Technologie.

Wenn der Kindergarten keinen Zugang zu digitalen Werkzeugen und keine Möglichkeit zum Arbeiten mit physischen Robotern hat, besteht eine Alternative darin, mit nicht angeschlossenem Programmieren, das heißt mit Programmieren ohne digitale Technik zu arbeiten. Ein Beispiel dafür ist das Spielen von Programmierspielen, das Erstellen von Codes mit Halsketten oder die Arbeit mit Tanzprogrammierung. Lesen Sie mehr darüber im Abschnitt zum Thema Programmieren ohne digitale Technik. Wenn der Kindergarten Zugang zu digitalen Werkzeugen, z. B. zu Lerntablets hat, gibt es für die ersten Schritte Programmier-Apps wie *Lightbot Jr* oder *Blue-Bot*. Wenn er Zugang zu physischen Robotern wie *Bee-Bot* oder *Blue-Bot* hat, ist dies eine Alternative für die ersten Versuche. Das Wichtigste ist, mit den digitalen Fähigkeiten der Kinder zu arbeiten und ihr digitales Denken zu schulen. Lassen Sie die Kinder den ganzen Körper benutzen und so viele verschiedene Mittel wie möglich verwenden. Vermischen Sie das Digitale und das Analoge, und lassen Sie jedes Kind in seinem eigenen Tempo erkunden. Indem wir die Arbeit variieren, geben wir jedem einzelnen Kind die Möglichkeit, sich das Wissen in der Weise anzueignen, die sich für das Kind am besten eignet.

Programmieren auf dem Lerntablet

Es stehen eine Reihe verschiedener Apps zur Auswahl, um das Programmieren auf dem Lerntablet zu üben. Für Kinder im Kindergartenalter eignet sich, wie bereits erwähnt, die Blockprogrammierung sehr gut. Ich habe mich dafür entschieden, in erster Linie diejenigen Apps vorzustellen, die mich ansprechen und von denen ich denke, dass sie für die Kinder einfach und überschaubar sind. Ich möchte über meine Eindrücke zum *Bee-Bot* berichten, da ich weiß, dass dies eine Programmier-App ist, die viele kennen und gerne zur Einführung des Programmierens verwenden. Die meisten Apps gibt es sowohl für Android-Tablets als auch für das iPad, mit Ausnahme von *Loopimal*, das es derzeit nur für das iPad gibt.

Lightbot Jr ist eine klare und reduzierte App, bei der das Programmieren im Mittelpunkt steht. Alles geschieht in einem langsamen Tempo, und das Kind entscheidet selbst, wann es zum nächsten Pfad übergehen möchte. Dies gibt den Kindern die Möglichkeit, den Roboter mehrere Male denselben Pfad entlang laufen zu lassen, um zu verstehen, wie es funktioniert. Der Roboter soll alle Routen auf dem Spielfeld abgehen und sie zum Leuchten bringen. Es gibt fünf verschiedene Niveaus mit neun verschiedenen Pfaden in jeder Stufe. Im ersten Teil werden die Grundlagen geübt: vorwärts, Linkskurve, Rechtskurve und das Einschalten der Lampe. Im zweiten Teil wird das Springen-Kommando hinzugefügt. Im nächsten Niveau können die Kinder üben, dass der gleiche Befehl abhängig von den Umständen eine andere Funktion haben kann. Das Einschalten-Kommando kann sowohl bedeuten, einen Aufzug zu starten, als auch den Roboter zwischen zwei miteinander verbundenen Feldern zu teleportieren. Im vierten und fünften Teil steigt der Schwierigkeitsgrad weiter an, und die Kinder können anfangen zu üben, Muster zu finden und Befehlssequenzen, die wiederholt werden sollen, zu erstellen. Zuletzt wird die Funktion Loops hinzugefügt.

Bee-Bot basiert auf der kleinen gelben Biene, die als physischer Roboter existiert. In der App finden sich dieselben Befehle wie im physischen Roboter, und das Programmieren erfolgt in Befehlssequenzen, sodass sich die Biene durch eine Gartenlandschaft zur Blume, die das Ziel darstellt, bewegt. Drückt man nicht die X-Taste, die den zuvor programmierten Befehl aus dem Speicher löscht, werden die neuen Befehle zu den bereits programmierten hinzugefügt. Es ist nirgendwo zu sehen, welche Befehle einprogrammiert wurden, sondern man muss sich selbst daran erinnern. Jeder Pfad hat eine kleine Uhr oben rechts, und der Benutzer erhält Punkte, je nachdem, wie lange er für das Ablaufen des Pfades benötigt. Nach jedem geschafften Pfad wird eine Liste mit den drei Benutzern, die die besten Ergebnisse erzielt haben, angezeigt. Ich halte diese Möglichkeit jedoch für ein unnötiges Detail, da das Programmieren meiner Meinung nach kein Wettbewerb sein sollte. In den letzten sechs Pfaden sind zwei verschiedene Herausforderungen eingebaut. Es gibt drei Pfade, auf denen die Biene Eier einsammeln soll, indem sie sich den Vögeln nähert, damit diese sich wegbewegen, und drei Pfade, auf denen Schafe in ein Gehege hineingetrieben werden sollen. Diese Aufgaben finde ich verwirrend, und ich sehe kein System in ihnen. Es macht den Eindruck, als hätten sie nicht viel mit Programmieren zu tun, sondern als seien sie lediglich eine lustige Ergänzung.

Blue-Bot basiert auf der blauen Biene, die als physischer Roboter existiert. Die App und der Roboter können über Bluetooth verbunden werden, sodass der physische Roboter über die Programmierung in der App gesteuert wird. Es ist nicht notwendig, den physischen Roboter zur Hand zu haben, denn die App lässt sich auch ausgezeichnet alleine verwenden. Sie verfügt über viele verschiedene Niveaus und Funktionen und ist eine gut durchdachte App, mit der das Programmieren geübt werden kann. Sie ist in zwei verschiedene Teile mit jeweils vier Abschnitten unterteilt. Im Erkundungsteil geht es um das Erlernen der Grundlagen für das Programmieren. Der erste Abschnitt befasst sich mit Schritt-für-Schritt-Programmierungen, während es im zweiten Abschnitt um Basisprogrammierungen mit grundlegenden Befehlen wie vorwärts, rückwärts, Linkskurve, Rechtskurve und Pause geht. Der dritte Abschnitt handelt von Loops oder Wiederholungen. Im vierten Abschnitt wird es richtig knifflig, da dort die Funktion für 45-Grad-Drehungen sowohl nach rechts als auch nach links ins Spiel kommt. Im ersten Abschnitt des Fortgeschrittenenteils geht es einfach nur darum, sich von A nach B zu bewegen. Im zweiten Abschnitt befinden sich Hindernisse auf dem Weg, denen ausgewichen werden muss, um ins Ziel zu kommen. Im dritten Abschnitt stehen weniger Befehle zur Verfügung, und daher muss der Benutzer überlegen, wie er das Ziel erreicht. Im vierten und letzten Abschnitt wird der Roboter in die Startposition gestellt, und das Befehlsfeld ist bereits fertig und bereit. Die Aufgabe besteht darin herauszufinden, wo die Zielfahne platziert werden soll. Eine wirklich spannende und knifflige Herausforderung. Es können auch Geräusche aufgenommen werden, sodass man sich anhören kann, welcher Befehl ausgewählt wurde. Dies ist möglicherweise eine Funktion, die für einige Kinder das Lernen erleichtert und unterstützt. Sie können eine Reihe verschiedener Raster auswählen, innerhalb derer der Roboter arbeiten soll. Es ist auch möglich, ganz einfach ein eigenes Raster zu erstellen.

RunMarco ist als Abenteuerspiel konzipiert, und es geht darum, Marco oder Sophia mithilfe der Blockprogrammierung durch verschiedene Landschaften oder Aufgaben zu führen. In der ersten Winterwelt besteht die Aufgabe darin, über alle Blöcke mit Fichten zu gehen. Zu Beginn gibt es nur ein Vorwärts-Kommando, später werden Linkskurve, Rechtskurve und Sprung hinzugefügt, wenn der Benutzer auf den Pfaden weiterkommt. Der nächste Schritt sind Wiederholungen, und es muss ausgewählt werden, wie viele Vorwärtsschritte erforderlich sind. Die nächste Welt stellt eine Dschungelwelt dar. Es wird so programmiert, dass Marco oder Sophia einem Pfad zum gelben Stern folgen, der das Ziel darstellt. Das Konzept ist das gleiche wie bei den anderen Anwendungen, das heißt es wird mit wenigen Kommandos begonnen, dann wird es allmählich schwieriger. Es macht keinen Unterschied, ob Sophia oder Marco verwendet werden, denn die Pfade lassen sich für beide Charaktere erschließen. Man kann auch zu bereits erschlossenen Pfaden zurückgehen. In diesem Fall sind die beim vorherigen Mal ausgewählten Befehle gespeichert. Indem man einfach den grünen Pfeil drückt, läuft der Charakter den Pfad erneut entlang. Um den Pfad zu wiederholen und die Befehle erneut auszuwählen, verschiebt man die Befehle in den Papierkorb, sodass man direkt erneut mit dem Programmieren beginnen kann. Die App ist relativ fortgeschritten, und um Befehle oder den Wiederholungsblock auszuwählen, müssen Seiten aus einem „Buch" am linken Rand ausgewählt werden. Die App ist eine herausfordernde und unterhaltsame Variante der einfacheren Programmier-Apps.

Loopimal ist eine App, in der der Benutzer Tanzprogrammierungen mit Tierfiguren einübt. Sie eignet sich gut für die jüngsten Kinder, aber auch den älteren Kindern macht es Spaß, mit dieser App zu arbeiten. Am unteren Rand des Bildschirms befinden sich eine Zeitleiste und fünf verschiedene Kästchen in verschiedenen Farben mit unterschiedlichen geometrischen Formen darin. Jedes Kästchen steuert eine Bewegung und eine Soundschleife. Im übrigen Bereich des Bildschirms wählt man eines von neun Tieren aus, das sich im Takt der Musik wiegt. Die Aufgabe besteht darin, die verschiedenen Kästchen auf die Zeitleiste zu verschieben und auf diese Weise eine Choreografie mit Tanz und Musik zu erschaffen, die das Tier ausführt. Es gibt unendlich viele Variationen, und die Soundschleifen passen zusammen, egal wo sie platziert werden. Sie bilden eine Gesamtheit und klingen unabhängig von den Kombinationen der Kästchen gut. Jedes Tier hat seine eigene Hintergrundmusik sowie seine eigene Choreografie und Soundschleife in den Kästchen. Dadurch, dass er die Kästchen bewegt, experimentiert der Benutzer mit der Musik und Choreografie und erschafft verschiedene Musikstücke und Sequenzen. Es ist auch möglich, bis zu vier Tiere gleichzeitig zu verwenden und ein Gesamtwerk mit mehreren Bewegungen und einem ganzen Orchester zu erschaffen. Wie auch immer die Soundschleifen kombiniert werden, das Endergebnis hört sich immer gut an. Es existiert keine intuitiver zu bedienende App, mit der die jüngsten Kinder die Möglichkeit erhalten, Blockprogrammierung in ihrer einfachsten Form auszuprobieren. Gleichzeitig profitieren die Kinder stark davon, die Musik und die Choreografie der Tiere selbst variieren und verändern zu können.

Coda Game bringt das Programmieren auf ein neues Level. Hier werden nicht die Grundlagen der Blockprogrammierung geübt, sondern der Benutzer erschafft eigene Spiele. Es gibt die Möglichkeit, den Hintergrund, die Geschwindigkeit und das Geschehen auszuwählen und dies mit dem Zeitpunkt der Ausführung zu verknüpfen. Aussehen und Geschwindigkeit können ebenfalls angepasst werden. Es stehen vier verschiedene Spieltypen zur Auswahl, der Spieltyp ist unveränderlich. Das einfachste Spiel, das erschaffen werden kann, ist das klassische Arcade-Spiel *Whac-A-Mole*, bei dem es darum geht, einem Maulwurf auf den Kopf zu hauen, sobald er aus einem der Löcher auf der Spielfläche herausschaut. Die Figur taucht in regelmäßigen Abständen aus einem der Löcher auf, und der Nutzer muss sich bereithalten um zuzuhauen und dadurch in einer bestimmten Zeit oder bis zu einer bestimmten Anzahl von Fehlern so viele Punkte wie möglich zu sammeln. Das Spiel wird erstellt, indem verschiedene Befehle auf die verschiedenen vorhandenen Felder gezogen werden. Im ersten Feld wird festgelegt, wie das Spiel beim Starten aussehen soll. Im nächsten Feld wird entschieden, was passieren soll, wenn die Figur getroffen wird. Der nächste Schritt besteht darin, festzulegen, was geschehen soll, wenn man danebenhaut. Eine weitere Entscheidung, die getroffen werden muss, ist, wie hoch der Energiezähler beim Start eingestellt ist und was passiert, wenn er leer ist. Zum Schluss wird festgelegt, welche Bedingungen – Punkte, Zeit oder Energie – erfüllt sein müssen, um das Spiel zu gewinnen oder zu verlieren. Es gibt immer die Möglichkeit das Spiel zu testen, um zu sehen, ob es funktioniert. Zudem existiert auch eine Funktion, mit der das Spiel hochgeladen werden kann, sodass andere es spielen können. Auch die Spiele anderer Benutzer können so getestet werden. Die Option zur Freigabe ist nicht notwendig, aber der Hersteller der App hat sich bemüht, dass alle anonym bleiben. Dem Benutzer wird ein von der App generierter Name zugewiesen. Dies ist kein einfaches Spiel, aber für einige Kinder sicherlich herausfordernd. Es ist spannend, seine eigenen Programmierkenntnisse nutzen zu können, um Spiele zu erstellen, die von anderen gespielt werden können.

Osmo ist ein Zubehör für Lerntablets, das das digitale Erlebnis mit der physischen Welt verbindet. Zum Ausprobieren muss die verwendete App heruntergeladen werden, um dann das Lerntablet in ein spezielles Stativ zu stellen und dort einen Reflektor zu montieren. Auf diese Weise wird der Tisch vor dem Lerntablet zur Fläche für die Arbeit mit physischem Zubehör wie beispielsweise Buchstaben, Zahlen, Tangram-Puzzles oder Blockprogrammierung.

Lightbot Jr

Eine der Apps, mit denen ich gearbeitet habe, ist *Lightbot Jr*, eine Programmier-App, die es sowohl für das iPad als auch für Android-Tablets gibt. Ich hatte mich für sie entschieden, weil sie eine ansprechend klare Grafik besitzt und übersichtlich gestaltet ist. Ein Tipp für die einführende Arbeit in der Kindergruppe ist, die Aktivität vorzubereiten, indem das Lerntablet an einen Projektor angeschlossen wird, sodass alle Kinder die Möglichkeit haben, das Geschehen auf dem Bildschirm mitzuverfolgen. Für unseren ersten Einsatz hatte ich mich auch vorbereitet, indem ich weiße und blaue DIN-A4-Blätter als Stapel auf den Boden gelegt hatte.

Die Aktivität lässt sich gut dadurch beginnen, dass man die Kinder versammelt und ihnen erzählt, dass sie heute anfangen werden zu programmieren. Als ich dies tat, schauten die Kinder zunächst fragend, doch als ich die App öffnete, die dann auf dem großen Bildschirm erschien, wurden sie neugierig. Der erste Pfad, der in der App angezeigt wird, ist ein Anleitungspfad. Die Anweisungen sind klar und liegen schriftlich auf Deutsch vor. Damit die Kinder ihr Interesse nicht bereits vor Beginn der eigentlichen Aufgabe verlieren, ist es sinnvoll, die Anweisungen im Voraus bereits für sich durchzugehen. Auf diese Weise kann die Kindergruppe direkt mit Pfad 2 beginnen, und der Erzieher kann den Kindern die Anweisungen mündlich erklären. Dies ist auch eine gute Gelegenheit, darüber zu sprechen, was Programmieren überhaupt ist, und zu betonen, dass all die Lerntablets, Computer und anderen digitalen Werkzeuge gar nichts tun, solange kein Mensch programmiert hat, was sie tun sollen. Sie können nicht selbst denken, sondern arbeiten nur nach den Befehlen, die einprogrammiert wurden.

Dann ist es an der Zeit, den Roboter auf dem Lerntablet zu programmieren; ihm also die benötigten Befehle zu erteilen, damit er seine Aufgabe erfüllen kann, alle Lampen einzuschalten. Die erste Aufgabe besteht darin, den kleinen Roboter dazu zu bringen, dem Pfad bis zum blauen Quadrat zu folgen, der eine Taste ist, um dort eine Lampe einzuschalten. Die Kinder, die an der Aktivität teilnahmen, begriffen es sofort und wollten es ausprobieren. Um die Aktivität so konkret wie möglich zu gestalten, bietet es sich an, die Übung gleichzeitig physisch auf dem Fußboden durchzuführen. Das taten wir, indem sich ein Kind an das Lerntablet setzte, ein Kind durfte der Roboter sein, und die anderen legten die A4-Blätter so auf den Boden, dass sie den gleichen Pfad abbildeten, den wir auf dem großen Bildschirm sahen. Schritt für Schritt halfen sie sich gegenseitig dabei, das Problem zu lösen: jeweils ein Schritt für den Kinderroboter und ein Schritt für den Roboter auf dem Bildschirm. Als beide Roboter das blaue Quadrat erreicht hatten, stellten die Kinder fest, dass es auch gelbe Papierblätter geben musste, damit sie das blaue Blatt bei eingeschalteter Lampe durch ein gelbes ersetzen könnten. Auf dem Lerntablet wurde das blaue Quadrat nämlich gelb, wenn es vom Roboter eingeschaltet wurde. Für die Kinder war es selbstverständlich, dass eine Kniebeuge das Einschalten der Lampe symbolisierte, jedoch verstand ich selbst zunächst nicht warum.

Als ich fragte, wie sie darauf kamen, dass eine Kniebeuge das Einschalten der Lampe symbolisierte, sahen mich die Kinder fragend an. „So schaltet doch der Roboter auf dem Lerntablet die Lampen ein", antworteten sie. Natürlich hatten sie recht. Als ich mir den Roboter auf dem Lerntablet genauer ansah, machte er tatsächlich eine schnelle Kniebeuge, um die Lampe einzuschalten, doch ich hatte es vorher nicht wahrgenommen. Nachdem wir den ersten Pfad geschafft hatten, wollten die Kinder zu neuen Pfaden übergehen. In Stufe 3 kommt der Sprung-Befehl neu hinzu, der sowohl für das Hinauf- als auch für das Hinabspringen dient. Nun entstand eine fieberhafte Aktivität im physischen Teil des Pfades: Die Kinder holten Stühle und Hocker, um die Höhenunterschiede darzustellen, und bauten die neuen Pfade auf dem Boden weiter.

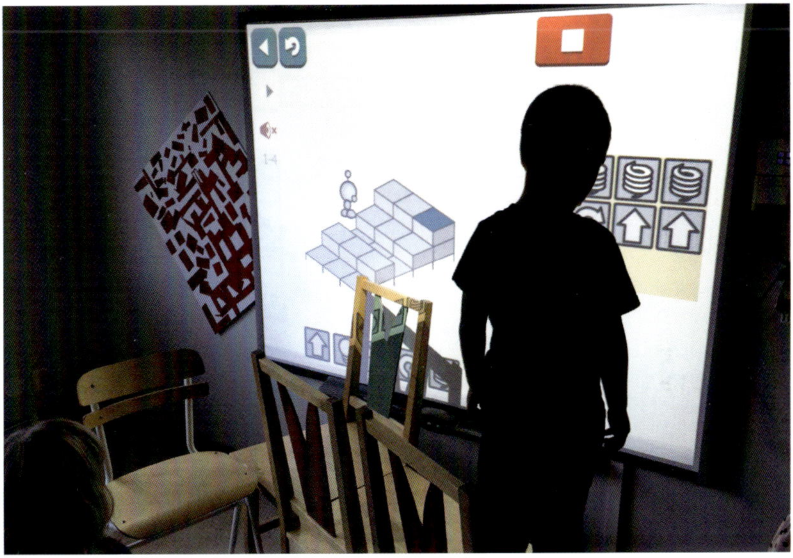

Paralleles analoges und digitales Arbeiten, um den Lerneffekt zu unterstützen

Der „Kinderroboter" befolgte die verschiedenen Befehle auf dem selbstgebauten Pfad, während der Roboter auf dem Lerntablet sie zur gleichen Zeit auf dem großen Bildschirm ausführte. Bei den Höhenunterschieden zeigte sich deutlich, dass kein Befehl vergessen werden durfte. Als der Kinderroboter an der Kante eines Stuhls stand und der Pfad mit Stühlen nach links weiterführte, funktionierte ein Befehl für geradeaus nicht, da das Kind ins Leere treten und vom Stuhl fallen würde. Eine Linkskurve war notwendig, um den Pfad fortsetzen zu können.

Es ist wichtig, bei der Arbeit mit den Pfaden aufmerksam zu sein, sodass alle Kinder die Möglichkeit bekommen, sowohl der Kinderroboter zu sein, als auch den Pfad zu bauen oder die Befehle für den Roboter auf dem Lerntablet zu erteilen. Wenn eine Stufe abgeschlossen ist, kann sie beliebig oft wiederholt werden. Dadurch können sich alle Kinder sicher dabei fühlen, wenn sie alle Schritte ausprobieren. Sie können einfach einen Pfad wählen, der sich angenehm für sie anfühlt. Wenn jedes Kind alle Schritte analog und digital ausprobiert hat, kann der nächste Schritt darin bestehen, alleine oder zusammen mit *Lightbot Jr* zu arbeiten. Meine Kinder wählten die Zusammenarbeit, und es gab spannende Diskussionen darüber, wie die Pfade gelöst werden sollten. Manche Kinder arbeiteten immer wieder mit den einfachsten Pfaden, während andere zu fortgeschritteneren Niveaus übergingen. Es war faszinierend zu sehen, mit welcher Hingabe und Zusammenarbeit die Kinder vorgingen, sowie ihre Gespräche darüber zu hören, was sie taten und wie sie einander halfen, als sie feststeckten.

Durch das parallele Arbeiten mit dem Programmieren auf dem Lerntablet und dem analogen Miteinander wird die Arbeit mit dem Programmieren zu einem konkreten räumlichen Erlebnis. Digitale und analoge Arbeit gehen Hand in Hand und verstärken sich gegenseitig, das eine muss das andere nicht ausschließen. Auf diese Weise können die Kinder ihr digitales Denken in der Praxis üben. Es ist von Bedeutung, die Aufgabe in kleinere Sequenzen zu unterteilen und mit Schritt-für-Schritt-Plänen zu arbeiten. Die Kinder üben auch, Probleme zu lösen und große Probleme in kleinere zu zerlegen und gewohnte Denkmuster zu durchbrechen. Dies bietet ihnen auch eine gute Möglichkeit, das Abwechseln, Positionsbeschreibungen, logisches Denken, Kommunikation, Zusammenarbeit, Farben und Formen zu üben. Außerdem macht es Spaß, zusammen zu arbeiten – die Freude beim Lernen!

Digitales Denken mithilfe von Lego

Eine Methode, bei der Arbeit mit dem Programmieren voranzukommen, besteht darin, den Kindern die Möglichkeit zu geben, das digitale Denken mithilfe von Lego, Papier und Stift zusammen mit dem Lerntablet zu entdecken. Mithilfe von Lego können die Kinder die Pfade aus dem Lerntablet in *Lightbot Jr* nachbauen und Legomännchen sich darauf bewegen lassen.

Als wir dies ausprobierten, hatten die Kinder die Lerntablets bereitliegen, und Schritt für Schritt materialisierte sich der Pfad aus dem Lerntablet in einem Pfad aus Lego, der aus weißen Steinen für die normalen Schritte und in blauen für die einzuschaltenden Lampen bestand. Die Kinder zählten und verglichen, und es ging darum, das Muster zu erkennen und es im Nachbau umzusetzen. Damit er auch stabil wurde, entschieden sich die meisten Kinder dafür, den Pfad auf einer Platte aufzubauen. Als alle ihren ersten Pfad gebaut hatten, ließ ich die Kinder frei arbeiten. Neben den Pfaden konnten die Kinder eine Weile daran arbeiten, die Pfade auf dem Lerntablet zu bewältigen, um dann wieder zum Lego zurückzukehren. Es war offensichtlich, dass die Kinder es zu schätzen wussten, dass sie zwischen analog und digital wechseln konnten, denn sie wechselten viel hin und her. Das freie Gestalten nahm Fahrt auf, und die Kinder begannen, ihre eigenen Pfade aus Lego zu erschaffen. Sie nahmen Papier und Stift hervor und saßen tief versunken neben ihren Pfaden, um Schritt für Schritt die Befehle aufzuschreiben, die für die Bewältigung erforderlich waren.

Üben des Verallgemeinerns

Für die Kinder war es toll, selbst entscheiden zu können, wie lange sie an den verschiedenen Schritten arbeiten wollten. Einigen Kindern machte das Bauen von fortgeschrittenen Pfaden mit Lego am meisten Spaß, andere wiederholten immer wieder die einfachsten Pfade auf dem Lerntablet, um das Gefühl zu bekommen, sie zu beherrschen. Für andere wiederum war es eine spannende Herausforderung, mit den fortgeschritteneren Niveaus der App weiterzumachen. Jetzt konnte der Befehl zum Einschalten der Lampe in neuen Funktionen sowohl zum Aufzugfahren als auch zum Teleportieren verwendet werden. Den Aufzug empfanden die Kinder als selbstverständlich und nicht besonders schwierig in der Bedienung, aber das Teleportieren schuf neue Fragen. Ist es in der Wirklichkeit möglich, etwas zu teleportieren? Kann das Teleportieren mit dem Fliegen in einem Flugzeug verglichen werden? Die Kinder hatten bereits eigene Erfahrungen damit, in einem Flugzeug zu fliegen, und es funktioniert beinahe auf die gleiche Weise, nämlich indem man zuerst in ein Flugzeug einsteigt, und sich plötzlich an einem anderen Ort befindet, wenn man wieder aussteigt. Als sie weiter darüber sprachen, stellten sie jedoch fest, dass es nicht wirklich dasselbe war. Mit einem Flugzeug dauert die Reise recht lange, und sofern man nicht schläft, erinnert man sich daran. Der Roboter in der App wechselt den Ort direkt. Es entstanden viele spannende Gedanken und interessante Diskussionen. Die Kinder, die sich dafür entschieden, weitere Niveaus in Angriff zu nehmen, wurden zu einer Wissensquelle für andere Kinder. Sie könnten erklären und weiterhelfen und auf diese Weise ihre Freunde dabei unterstützen, weiterzukommen.

Durch die Verwendung traditioneller Materialien wie Lego erhalten die Kinder die Möglichkeit, die Programmieraufgabe des Lerntablets in einer neuen Art und Weise zu erleben. Sie können selbst die Kontrolle übernehmen und ihre eigenen Pfade auf der Grundlage ihrer eigenen Ideen erschaffen sowie darüber nachdenken, welche Befehle dazu erforderlich sind. Dies gibt ihnen die Möglichkeit, das Verallgemeinern zu üben und das Wissen aus dem Programmieren mit dem Lerntablet in die Programmieraufgabe mit Lego zu übertragen. Es ist eine konkrete Methode, das Programmieren mit einem Material zu bearbeiten, mit dem sie vertraut sind. Die Möglichkeit, zwischen analog und digital zu wechseln, erleichtert es den Kindern auch, über einen längeren Zeitraum konzentriert zu arbeiten.

Die Herausforderung durch Bugs

Nachdem ich ein paar Wochen lang auf viele verschiedene Arten mit dem Programmieren gearbeitet hatte, wollte ich das Verständnis dafür stärken, dass das programmierte Objekt nur das ausführt, was wir programmiert haben, und nichts anderes. Wenn es nicht funktioniert, haben wir die falschen Befehle gegeben, und wenn es funktioniert, haben wir es richtig gemacht. Also verband ich *Lightbot Jr* wieder einmal mit dem großen Bildschirm, doch dieses Mal hatte ich bereits eine Reihe von Befehlen eingegeben.

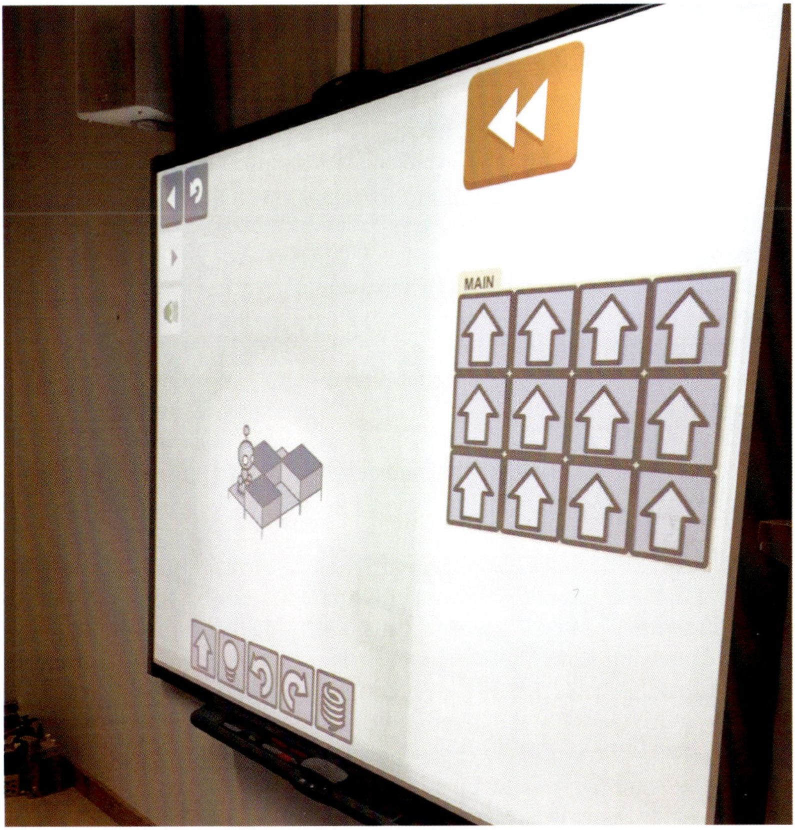

Was passiert jetzt?

Dieses Mal hatte ich mich dafür entscheiden, nur den Befehl für geradeaus auszuwählen, obwohl der Pfad außerdem die Befehle für springen, Linkskurve und das Einschalten der Lampe erforderte. Als wir uns vor dem großen Bildschirm versammelt hatten, sagte ich den Kindern, dass ich den Pfad fertig programmiert hätte. Sie sollten sich die Befehle ansehen, die ich gewählt hatte, und dann fragte ich sie, was passieren würde. Würde der Roboter den Pfad schaffen und die Lampen einschalten? Es wurde ganz still. Die Kinder schauten und überlegten, gingen zum Bildschirm und schauten genauer hin. Schließlich antwortete ein Kind ein wenig skeptisch, dass der Roboter den Pfad wahrscheinlich schaffen würde. Es entstand eine lebhafte Diskussion, in der Argumente sowohl dafür als auch dagegen vorgebracht wurden. Schließlich einigten sich die Kinder darauf, dass es wahrscheinlich nicht funktionieren würde. Der Roboter würde den Pfad nicht schaffen. Während sie nachdachten und diskutierten, entstand eine erwartungsvolle Stimmung, und als wir den Roboter auf dem Pfad starteten, entlud sich diese in einem befreienden Gelächter der Kinder. Der Roboter tat genau das, was die Befehle ihm sagten, nur das und nichts anderes. Natürlich schaffte er den Pfad nicht. Der Roboter blieb sofort stecken und kam nirgendwo hin.

„So musst du das machen, Karin, sonst funktioniert es nicht." Die Kinder entfernten alle fehlerhaften Befehle und gaben das ein, was der Roboter tatsächlich benötigte. Sprung, Lampe einschalten, Linkskurve, Sprung, Sprung, Lampe einschalten, Linkskurve, Sprung, Linkskurve, Sprung, Lampe einschalten. Mit anderen Worten: etwas völlig anderes als meine Vorwärts-Befehle. Jetzt funktionierte es genauso, wie es sollte. Doch die Kinder fanden die fehlerhaften Befehle spannend. Jetzt wollten alle ausprobieren, falsch zu programmieren, und sehen, was geschehen würde. Wenn alle Befehle Linkskurven waren, lief der Roboter im Kreis. Gab es viele Befehle zum Einschalten der Lampe, wenn der Roboter auf einem blauen Quadrat stand, schaltete er die Lampe immer wieder ein und aus. Die Kinder standen auf und führten dieselben Befehle aus wie der Roboter auf dem großen Bildschirm. Gab es anstelle des Sprung-Befehls den Befehl für vorwärts, hatte dies den gleichen Effekt, als stünde man mit der Nase an der Wand und versuchte, geradeaus zu gehen. Weder die Kinder noch der Roboter kamen weiter. Je mehr Varianten wir ausprobierten, desto einfacher wurde es für die Kinder vorherzusehen, was passieren würde. Es wurde klar, was geschah und dass es wichtig war, die richtigen Befehle zu erteilen. Nachdem die Kinder viele verschiedene Varianten mit falschen Befehlen erstellt hatten, wechselten sie wieder zum korrekten Programmieren und bekamen dadurch bestätigt, dass der Roboter mit den richtigen Befehlen den Pfad bewältigen kann.

Durch das bewusste Erschaffen eigener Bugs wurden die Grundlagen des Programmierens deutlich. Es geht darum, mit Sequenzen arbeiten zu können und die Befehle in der richtigen Reihenfolge zu erteilen – zuerst, dann, zuletzt –, damit es funktioniert. Wenn wir dies nicht tun, funktioniert es nicht. Es ist wichtig, die Gedanken der Kinder durch Problematisieren herauszufordern, denn so hilft man ihnen dabei, Thesen und Hypothesen zu formulieren und gemeinsam nachzudenken. Dadurch, dass sie in der Lage sind, sich gemeinsam mit anderen zu unterhalten und zu überlegen, wird das Lernen vielseitig und kohärent.

Osmo Coding

Mit *Osmo Coding* haben die Kinder die Möglichkeit, taktil mit der Blockprogrammierung zu arbeiten. Bei *Osmo Coding* ist es der Roboter, der sich auf dem Lerntablet befindet. Die Befehle finden in der physischen Welt statt. Die Codeblöcke sind an Magnete gekoppelt, die beliebig kombiniert werden können. Als wir *Osmo Coding* zum ersten Mal in die Hand nahmen, war es offensichtlich, dass es etwas Neues brachte, die verschiedenen Blöcke befolgen zu können.

Eine gute Einführung kann darin bestehen, die Kinder mit den physischen Blöcken vertraut zu machen. Die Kinder, die an der Aktivität teilnahmen, befühlten die Blöcke, sortierten sie und wählten aus ihnen aus. Sie schätzten es, physisch mit ihnen arbeiten zu können. Wir starteten die dazugehörige App, die mit einer einfachen Anweisung startet, wie die Blöcke auf dem Tisch vor dem Lerntablet platziert werden sollen und wie das Programmieren mit ihnen funktioniert. Die Kinder legten die Blöcke übersichtlich um sich herum aus und nahmen sich dann die Blöcke, die sie brauchten. Sie arbeiteten zusammen und diskutierten darüber, wie viele Schritte erforderlich wären und in welche Richtung der Pfeil zeigen sollte. Da die Codeblöcke in physischer Form vorlagen, war es möglich, den Kindern bei der Auswahl der Blöcke und dem Anordnen in der richtigen Reihenfolge zu helfen. Die Aufgabe bestand darin, eine kleine weiße Figur mit dem Namen Awbie dazu zu bringen, sich zwischen Bäumen und über Gewässer hinweg zu bewegen und unterwegs Erdbeeren und Kuchen zu essen. Awbie kann sich durch Gehen oder Springen fortbewegen, und die Bewegungen werden durch die Programmierblöcke gesteuert. Als die Kinder damit zufrieden waren, welche Blöcke sie ausgewählt hatten, in welche Richtung die Pfeile zeigten und wie viele Schritte sie gewählt hatten, drückten sie den Startknopf, und Awbie begann sich auf dem Lerntablet zu bewegen. Die

Blöcke müssen korrekt verknüpft werden, damit der Code in der richtigen Reihenfolge angezeigt wird. Der Code wird immer von oben gelesen, daher kann ein Block, wenn er hinzugefügt werden muss, nicht einfach ganz nach oben gelegt werden. Man muss darüber nachdenken, wofür er verwendet werden soll, und ihn dann an der richtigen Stelle in der Codesequenz einfügen. Die Aufgaben beginnen mit einfachen Codekombinationen, und der Schwierigkeitsgrad steigt allmählich an. Die Kinder wechselten sich damit ab, auf dem Stuhl in der Mitte zu sitzen und den Startknopf drücken zu dürfen, wenn die Programmierung abgeschlossen war.

Taktiles Arbeiten unterstützt den Lernerfolg

Durch die Arbeit mit physischen Codeblöcken bekommen Kinder die Möglichkeit, auf greifbare Weise zu programmieren. Die Möglichkeit, physisch aus den Codeblöcken auszuwählen und sie zu den richtigen Sequenzen zusammenzusetzen, fügt eine weitere Dimension hinzu. Es ist wichtig, dass die Kinder die Möglichkeit haben, die Dinge auf viele verschiedene Arten auszuprobieren, unabhängig davon, woran wir arbeiten. Ebenso ist entscheidend, dass die Kinder beim Erkunden und Lernen so viele verschiedene Sinne wie möglich einsetzen können. Das Material fördert auch die Zusammenarbeit zwischen den Kindern, da sich mehrere Kinder beteiligen und den Code auslegen können.

Loopimal

Loopimal ermöglicht es, mit den jüngsten Kindern im Kindergarten auf eine einfache und konkrete Art und Weise mit dem Programmieren zu arbeiten. Es ist die einfachste Form des Programmierens, mit Kästchen, die den Sound und die Choreografie festlegen und die das Kind auf einer Zeitleiste platziert. Das Audioerlebnis ist häufig der wichtigste Faktor, wenn die Kinder mit dem Lerntablet arbeiten, und in der App sind die Kinder sowohl an der Erschaffung der Musik als auch des Tanzes beteiligt. Die App hat angenehme, rhythmische Töne, und selbst wenn die Kinder hin und her wechseln, nicht die ganze Zeitleiste ausfüllen oder immer nur das gleiche Kästchen auswählen, hört es sich gut an und wird zu einer stimmigen und unterhaltsamen Choreografie.

Die verfügbaren Kästchen sind ein blaues Quadrat, ein lila Dreieck, ein gelbes Quadrat, ein roter Kreis und ein grünes Fünfeck. Die App hat einen schönen weichen Farbton, aber dies hat leider zur Folge, dass die Farben der verschiedenen Boxen nicht so deutlich sind. Vor allem der rote Kreis hat einen Farbton, der eher apricot als rot ist. Dies kann dazu führen, dass verschiedene Pädagogen unterschiedliche Namen für die Farben verwenden. Auch die geometrischen Formen sind nicht ganz offensichtlich. Was ist der Unterschied zwischen einem Quadrat, das auf einer Seite liegt, und einem, das auf der Spitze steht? Ein Quadrat ist immer ein Quadrat, auch wenn es verdreht ist. Ansonsten sind die geometrischen Figuren in den Kästchen eine gute Idee, um frühzeitig korrekte mathematische Konzepte zu verwenden. Die Farben bieten die Möglichkeit mit den älteren Kindern Farbtöne zu besprechen, doch für die jüngeren, die die Farben noch nicht gelernt haben, wären die Grundfarben optimal gewesen.

Einführung in das Programmieren für die Jüngsten

Bei der Einführung zu *Loopimal* ist es hilfreich, mit maximal zwei oder drei Kindern pro Erzieher zu arbeiten. Ich hatte mich mit zwei unserer jüngsten Kinder zusammengesetzt und nahm das Lerntablet mit *Loopimal* heraus. Die Kinder waren sofort interessiert und schauten und hörten zu. Die Technik des Ziehens und Ablegens beherrschten die meisten Kinder bereits, und schon bald begannen sie zu untersuchen, wie die App funktionierte. Das erste, was sie herausfanden, war, dass sie über den Bildschirm wischen konnten und dann andere Tiere, die andere Geräusche machten, auftauchten. Es ist immer gut, wenn der Erzieher sich im Voraus mit der App vertraut gemacht hat, damit er ihre Funktionen kennt und so Unterstützung leisten und Aufgaben stellen kann. Ich zeigte auf die Kästchen und erklärte, dass es möglich sei, diese auf die Zeitleiste zu verschieben. Das machte die Sache noch interessanter, und als dann auch noch das Tier anfing sich zu bewegen und sich die Musik veränderte, waren die Kinder fasziniert. Sie verschoben zunächst zusammenhanglos die Kästchen hin und zurück. Der braune Bär, der herumwirbelt und einen Salto macht, wurde schnell zu einem Favoriten. Die Kinder lachten und zeigten und sagten jedes Mal, wenn es passierte, „dreht sich“.

Die Freude daran, etwas selbst zu können

Es war genauso spannend, die anderen Kinder zu beobachten wie selbst etwas zu machen. Nachdem sie eine Weile zusammengesessen und gearbeitet hatten, machte ich sie darauf aufmerksam, dass es einen Zusammenhang zwischen dem Kästchen auf der Zeitleiste und der Bewegung des Tieres und der erklingenden Musik gab. Da begannen die Kinder die Kästchen auf eine neue Weise zu untersuchen, und schauten, was passierte. Als sie sich das nächste Mal an die Arbeit mit *Loopimal* setzten, hatten sie bereits Vorkenntnisse, und es wurde deutlich, dass sie nun sowohl Tiere als auch Kästchen auswählten.

Erfahrung mit anderen teilen

Die Kinder experimentierten mit den Kästchen und entdeckten ständig neue Dinge. Einmal wählten sie den Bären und platzierten nur gelbe Kästchen auf der gesamten Zeitleiste. Da tanzte der Bär die ganze Zeit um sich selbst herum, was die Kinder sehr lustig fanden. Sie zeigten, lachten und kommentierten und sprudelten geradezu vor Freude darüber, dies selbst geschafft zu haben. Sobald sie eine Choreografie kreiert hatten, schauten sie auf, lächelten und wollten die Erfahrung teilen. Sie nahmen das Lerntablet mit und fanden einen Freund oder eine Freundin, dem sie es zeigen konnten, und natürlich wollte dieses Kind es auch ausprobieren. Da die Struktur der App so einfach ist, konnten die Kinder, die mit der App gearbeitet hatten, ihren Freunden erklären, wie sie funktionierte. Auf diese Weise verbreitete sich das Wissen, und bald hatte jedes Kind ein Lieblingstier, mit dem es Choreografien und Musik erschuf.

Durch die Arbeit mit *Loopimal* bekommen die jüngsten Kinder die Möglichkeit, frei zu gestalten. Die App ermöglicht das Erstellen von Musik und das Choreografieren von Tänzen ganz allein. Sie stimuliert den Spaß und die Freude, die Gemeinschaft und Zusammenarbeit. Die Arbeit kann zu einer verstärkten Kommunikation zwischen Erwachsenen und Kindern sowie zwischen den Kindern untereinander führen. Es stärkt das Selbstvertrauen und Selbstwertgefühl, eine Fähigkeit an andere weitergeben zu können. Durch die App erhalten die Kinder auch die Möglichkeit, sich auszuprobieren.

Programmieren ohne digitale Technik

Es ist wichtig, dass die Kinder die Grundlagen des Programmierens mit dem ganzen Körper wahrnehmen und erleben, dass sie bauen, konstruieren, tanzen, zeichnen, mit Perlen arbeiten und programmieren dürfen sowie dass sie programmiert werden. Woran erkennt man eigentlich einen Loop? Indem wir bei der Arbeit so viele Sinne wie möglich einbeziehen, vermitteln wir den Kindern ein besseres Verständnis für das Programmieren. Das Arbeiten ohne digitale Technik ist eine ausgezeichnete Möglichkeit, das Programmieren in einer Kindergruppe einzuführen. Diese Art des Programmierens wird auch als *Offline-Programmierung* bezeichnet. So kann man mit dem Thema Programmieren loslegen, auch wenn nicht genügend digitale Tools zur Verfügung stehen. Die Kinder können direkt mit dem arbeiten, was der Gruppe ohnehin zur Verfügung steht. Beim Programmieren handelt es sich in erster Linie um das Erkennen von Problemlöungen, um die Fähigkeit, Probleme in kleinere Probleme zu unterteilen und keine überflüssigen Details mit einzubeziehen. Es werden Schritt-für-Schritt-Lösungen erstellt, die befolgt werden müssen.

Eine lustige Methode zu Beginn ist die Kinder anzuweisen, den Erzieher während der Zwischenmahlzeit ein Butterbrot machen zu lassen. Folgen Sie ihnen dann aufs Wort, genau wie ein programmierter Roboter. Wenn Sie den Befehl erhalten, Butter zu nehmen, tun Sie es. Die Kinder werden darauf direkt reagieren: „Man darf Butter nicht mit der Hand nehmen, man muss ein Buttermesser benutzen." Sie verdeutlichen dann das Problem, indem Sie sagen: „Wenn ich ein programmierter Roboter bin, dann mache ich nur das, was ihr mir sagt." Fangen Sie noch einmal von vorne an, und versuchen Sie herauszufinden, welche Befehle fehlten. Es wird sicherlich eine Menge Fehlersuche und Wiederholungen geben, und es wird witzig und lustig, und die Kinder werden es zu schätzen wissen. Vor allem wird deutlich, was genaue Anweisungen sind. Es ist überraschend, wie viele Befehle notwendig sind, um etwas so Einfaches wie die Zubereitung eines Butterbrots zu steuern. Überlegen Sie gemeinsam mit den Kindern, welche Befehle für das Händewaschen erforderlich sind. Sie können sich nach dem Essen gegenseitig am Waschbecken programmieren und schauen, was dann passiert.

Es ist auch wichtig zu üben, Muster zu finden und Verallgemeinerungen vornehmen zu können. Ein großer Teil des digitalen Denkens basiert auf diesen Fähigkeiten. Lassen Sie die Kinder Halsketten nach einem vorgegebenen Muster auffädeln. Eine rote Perle, noch eine rote, eine schwarze Perle und zum Schluss eine gelbe. Um dies zu unterstützen und das Befolgen des Musters einfacher zu machen, werden alle unwesentlichen Informationen weggelassen, indem einfach „rot, rot, schwarz, gelb" geschrieben wird. Dies wird natürlich eine sehr kurze Kette, daher muss das Muster erweitert werden auf rot, rot, schwarz, gelb, rot, rot, schwarz, gelb, rot, rot, schwarz, gelb, rot, rot, schwarz, gelb, rot, rot, schwarz, gelb, rot, rot, schwarz, gelb, rot, rot, schwarz, gelb, rot, rot, schwarz, gelb, rot, rot, schwarz, gelb, rot, rot, schwarz, gelb, rot, rot, schwarz, gelb, rot, rot, schwarz, gelb, und dann ist die Kette fertig. Das ist anstrengend zu lesen, zu schreiben und als Muster zu befolgen. Wenn man stattdessen die Verallgemeinerungen findet und auf diese Weise entdeckt, dass es sich um eine Sequenz handelt, die sich ständig wiederholt, ist es einfach, den Code umzuschreiben – rot, rot, schwarz, gelb 12.

Damit ihn niemand falsch versteht und glaubt, dass die gelbe Perle zwölfmal wiederholt werden soll, wird eine Klammer hinzugefügt: (rot, rot, schwarz, gelb)12. Dadurch wird klar, dass die gesamte Sequenz zwölfmal wiederholt werden soll. Für die Erstellung der kompletten Halskette sind zwölf Loops notwendig. Der nächste Schritt besteht darin, einen eigenen Muster-Loop zu erstellen und auszuwählen, welche Perlen verwendet werden und wie viele Loops erstellt werden sollen. Wir arbeiten daran, das Problem in kleinere Probleme zu unterteilen und keine überflüssigen Details mit einzubeziehen, Schritt-für-Schritt-Lösungen zu finden und ausschließlich diesen zu folgen sowie Muster zu finden und Verallgemeinerungen vorzunehmen. Wenn wir die Begriffe des Programmierens verwenden, werden sie für die Kinder selbstverständlich, und ich höre Fragen wie: „Was für eine schöne Halskette du gemacht hast! Kann ich den Code bekommen und auch eine machen?"

Verdeutlichung durch ein Flussdiagramm

Es kann sich mühsam anfühlen, ein grundlegendes Verständnis der Funktionsweise und der Fähigkeit zur Problemlösung eines Computers zu erreichen. Wir können darüber sprechen, aber es ist nicht einfach zu erklären, wie ein Computer denkt, sodass der Zuhörer es versteht. Doch mithilfe eines einfachen Flussdiagramms in Großformat können Sie versuchen, auf gleiche Art und Weise zu sortieren, wie ein Computer Daten sortiert. So wird es für die Kinder ein wenig einfacher, sich das Wissen anzueignen und ein wirkliches Verständnis zu erlangen. Das Flussdiagramm kann auf eine Plane gezeichnet werden, sodass es überall verwendet werden kann. Eine andere Möglichkeit ist, das Diagramm mit Kreide im Hof aufzumalen, damit die Kinder es ausprobieren können, wann immer sie Lust dazu haben.

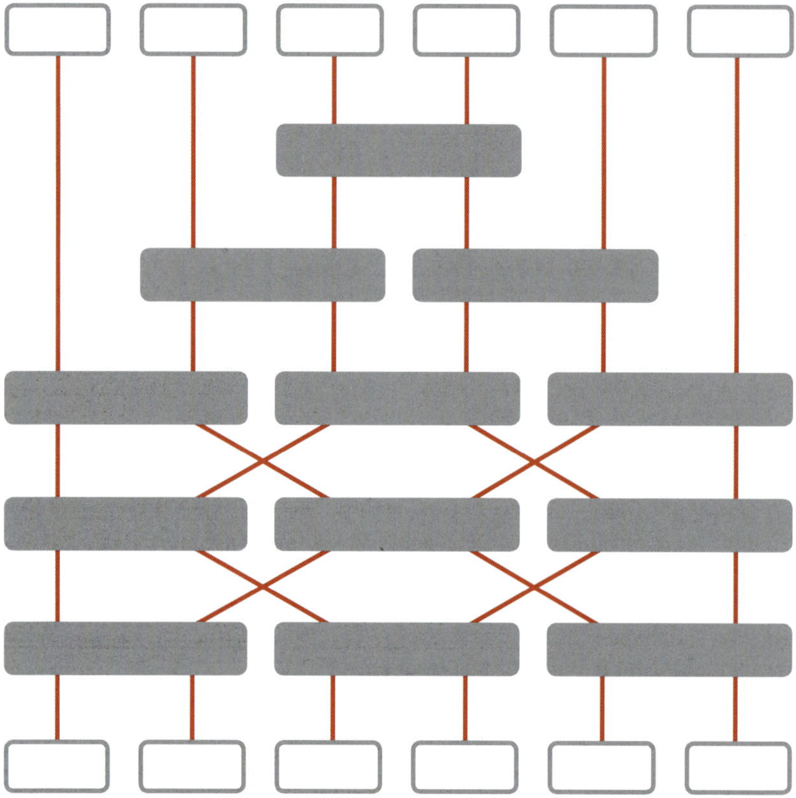

Flussdiagramm

Das Flussdiagramm kann im Prinzip verwendet werden, um alles zu sortieren. Das kann die Größe von Stöcken, Buchstaben, Zahlen, Perlen etc. sein. Zunächst wird bestimmt, was sortiert werden soll. Es ist wichtig zu wissen, was das Ziel ist. Lassen Sie die Kinder beispielsweise jeweils einen Stein nehmen. Danach stellt sich jeweils ein Kind in jedes Feld der untersten Reihe, dann macht jeder einen Schritt vorwärts in die nächste Reihe, und plötzlich stehen jeweils zwei Kinder in einem Feld. Jetzt muss eine erste Sortierung vorgenommen werden. Dasjenige Kind mit dem größeren Stein geht nach links und dasjenige mit dem kleineren Stein nach rechts. Wenn dieser Schritt abgeschlossen ist, geht der Sortiervorgang weiter. Die Kinder folgen der roten Linie und wiederholen das Sortieren, bis alle vorne angekommen sind. Wenn die richtigen Daten verwendet wurden, wird die Sortierung korrekt durchgeführt und alle Steine werden nach ihrer Größe sortiert. Ist dies nicht der Fall, ist eine Fehlersuche erforderlich, um die richtigen Daten einzugeben und den Vorgang erneut durchzuführen. Es ist auch wichtig, die Fehlersuche zu üben. Wir haben eine Menge Daten, die sortiert werden müssen. Das Flussdiagramm ist eine grafische Beschreibung des Algorithmus, mit dem wir das bestehende Problem lösen und die vorhandenen Daten sortieren. Die Lösung ist in Sequenzen unterteilt, und es ist wichtig, im richtigen Feld anzufangen und der roten Linie zu folgen. Indem man sich an die Aufgabe hält – der kleinste Stein nach links und der größte nach rechts –, werden Entscheidungen gemäß den geltenden Bedingungen getroffen, und die Sortierung wird korrekt ausgeführt.

Programmieren im Alltag

Es gibt viele Möglichkeiten, gemeinsam darüber nachzudenken, wo es in unserem Alltag Algorithmen gibt. Das zuvor erwähnte Rezept ist ein solches Beispiel. Überlegen Sie, was passiert, wenn es nicht befolgt wird, wenn ein Schritt übersprungen oder Schritte in der umgekehrten Reihenfolge ausgeführt werden. Das Befolgen eines Rezepts macht deutlich, wie wichtig es ist, alle Schritte in der richtigen Reihenfolge auszuführen. Es ist auch wichtig, die richtigen Zutaten zu verwenden und sich an die Maßangaben zu halten, damit das erwartete Ergebnis erzielt wird.

Weitere Beispiele sind die Aussaat eines Samens, das Backen eines Sandkuchens, das Malen mit Wasserfarben, Fahrradfahren oder Händewaschen. Dabei spielt es eigentlich keine Rolle, welche praktische Übung wir auswählen. Für die meisten gibt es einen Algorithmus, eine Anleitung, die befolgt werden muss, um ein Ergebnis zu erzielen oder damit die Tätigkeit funktioniert. Häufig denken wir nicht an diese Anleitung. Wenn wir die Schritte in einer falschen Reihenfolge ausführen, funktioniert es nicht. Fängt man an, in diesen Bahnen zu denken, wird dies deutlich, und außerdem entstehen viele interessante Gespräche mit den Kindern. Was passiert, wenn wir alles in umgekehrter Reihenfolge tun? Was wird das Ergebnis sein?

Eine Möglichkeit, das Entwerfen von Algorithmen und das Geben klarer Anweisungen zu üben sowie sehen zu können, ob ihre Freunde ihnen folgen können, besteht darin, die Anweisung zu erteilen, zu den Schaukeln oder in einen bestimmten Raum des Kindergartens zu gehen. Wie klar muss sie sein, und wie kann die Anweisung deutlich gemacht werden, sodass die Freunde am richtigen Ort herauskommen? Eine andere Aktivität besteht darin, einen Pfad mit Hindernissen zu bauen und die Kinder durch mündliche Befehle Schritt für Schritt an allen Hindernissen vorbeizuführen. Gehe geradeaus, biege nach links ab, biege nach rechts ab, halte an usw. Dies stellt hohe Ansprüche an die Fähigkeit des Spielleiters, sich klar auszudrücken, und es wird deutlich, wie wichtig es ist, das Problem in kleinere Probleme zu unterteilen, um schließlich Schritt für Schritt das Ziel zu erreichen. Für dasjenige Kind, das programmiert werden soll, besteht die Schwierigkeit darin, lediglich den Befehlen zu folgen, ohne selbst die Initiative zu ergreifen, und nur das zu tun, was der Programmierende sagt. Die Herausforderung für den Programmierenden liegt darin, die Befehle Schritt für Schritt zu geben, damit das andere Kind unversehrt vorwärtskommt und in kein Hindernis hineinläuft. Um den Schwierigkeitsgrad zu erhöhen, kann sich das zu programmierende Kind die Augen verbinden, denn dann müssen irrelevante Daten weggelassen werden. „Wenn du ein paar Schritte vorwärts gehst, kommst du bald zum roten Stuhl. Dort musst du stehen bleiben“, ist eine Anweisung, die in dem Fall überhaupt nicht funktioniert. Es reicht aus, das Kind zu instruieren, vorwärts zu gehen und so viele Schritte wie nötig zu wiederholen, und es dann deutlich anhalten zu lassen. Ein weiteres Beispiel für die Aktivität besteht in der Arbeit mit Tanzprogrammierung. Die Kinder mögen es in der Regel sehr, Musik auszuwählen und die verschiedenen Befehle zu einer Sequenz zusammenzusetzen, sodass ein Tanz entsteht, den die Freunde lernen können. Lesen Sie im Abschnitt „Die Tanzprogrammierung“ mehr darüber, wie wir mit Tanzprogrammierung gearbeitet haben.

Spiele mit Befehlen

Viele gängige Spiele enthalten das Ausführen von Anweisungen oder Befehlen. Wenn wir Pädagogen uns dessen bewusstwerden, können wir mit den Kindern darüber sprechen oder das Spiel in ein Programmierspiel verwandeln. Zwei Beispiele für Spiele mit Befehlen sind *Der Kapitän kommt* und *Rauf und runter*.

Im Spiel *Der Kapitän kommt* heißen die Wände des Raumes Backbord, Steuerbord, Bug und Heck. Die Kinder versammeln sich in der Mitte. Der Spielleiter gibt z. B. das Kommando „Heck“, woraufhin alle zur Heckwand laufen sollen. Beim Kommando „Der Kapitän kommt“, stehen alle in Habachtstellung und müssen salutieren. Das Kommando „Der Ausleger schlägt aus“ bedeutet, dass sich alle auf den Boden legen müssen, um nicht den imaginären Ausleger an den Kopf zu bekommen. Wenn das Spiel in ein Programmierspiel verwandelt wird, ist der Raum ein Computer, die Kinder sind Roboter, und der Spielleiter ist Programmierer. Die Wände des Raumes werden zu vorwärts, rückwärts, links und rechts. Um den Schwierigkeitsgrad und die Bewegungsaktivität zu erhöhen, können die Befehle zum Springen und Hinlegen hinzugefügt werden.

Im Spiel *Rauf und runter* wird eine große Decke auf den Boden gelegt und die Kinder stellen sich um den Rand herum auf. Dann sagt der Spielleiter „rauf“, und alle Kinder springen auf die Decke, oder er sagt „runter“, und alle Kinder springen von der Decke herunter. Der Schwierigkeitsgrad kann dadurch erhöht werden, dass weitere Befehle wie z. B. „hinlegen" hinzugefügt werden. Dann stellen sich alle Kinder im freien Raum auf und legen sich auf die Decke. Es ist auch möglich, das Spiel in ein Spiel mit Ausscheiden zu verwandeln, in dem diejenigen Kinder, die die Anweisung verpassen, sich außerhalb des Spiels hinsetzen und zugucken müssen, bis nur noch ein Kind übrig ist, dem es gelingt, alle Befehle zu befolgen. Doch es macht genauso viel Spaß, Fehler zu machen und das Spiel trotzdem fortsetzen zu dürfen. Die Kinder können sich als Spielleiter abwechseln und verschiedenen Befehle geben, die die Freunde ausführen sollen.

In vielen Spielen werden auch Befehle verwendet, die auszuführen sind, wenn bestimmte Bedingungen erfüllt werden. Zwei Beispiele sind *Mach dies, mach das* oder das Spiel *Simon sagt*, das viele Kinder sicherlich bereits kennen. Dies sind perfekte Spiele zum Ausprobieren von Befehlen unter bestimmten Bedingungen.

Bei *Mach dies, mach das* stehen alle im Kreis. Wenn der Spielleiter „mach das" sagt und eine Bewegung ausführt, machen alle Kinder sie nach. Wenn der Spielleiter gleichzeitig mit der Bewegung „mach dies" sagt, sollen alle anderen stillstehen und die Bewegung nicht imitieren. Bei diesem Spiel ist es gut, in einem langsamen Tempo anzufangen, damit alle Kinder mithalten können. Um das Spiel schwieriger zu gestalten, wird das Tempo erhöht. Dann ist große Konzentration erforderlich, um mitzuhalten und das Richtige zu tun. Wenn jemand einen Fehler macht, kann er oder sie sich in den Kreis setzen, bis schließlich alle Kinder sitzen. Ich habe die Erfahrung gemacht, dass die Kinder dieses Spiel nicht als Spiel mit Ausscheiden empfinden, sondern dass sich selbst diejenigen, die sich hinsetzen müssen, am Spiel beteiligt fühlen.

Im Spiel *Simon sagt* stehen alle so, dass sie den Anführer sehen können. Der Spielleiter gibt Anweisungen wie „Simon sagt: Steht auf einem Bein", woraufhin alle die gleiche Bewegung ausführen. Wenn der Spielleiter „Simon sagt" weglässt und nur „steht auf einem Bein" sagt, wird die Bewegung nicht ausgeführt. Hier ist es von Vorteil, mit einfachen Bewegungen zu beginnen, damit alle verstehen, wie es funktioniert: auf einem Bein stehen, einen Arm hochhalten, auf sein Ohr zeigen etc. Später kann der Schwierigkeitsgrad erhöht werden, wenn alle die Bedingungen des Spiels verstanden haben. Das Spiel bietet auch eine gute Gelegenheit, mündliche Anweisungen zu üben, auch wenn der Spielleiter sie durch das Ausführen der Bewegungen verdeutlicht.

Auf diese Weise trifft der Computer Entscheidungen: Wenn dies geschieht, mach das, ansonsten mach etwas anderes – wenn, dann, ansonsten. In solchen Spielen werden Bedingungssätze deutlich. Wenn wir vorher und hinterher darüber sprechen, helfen wir auch den Kindern, sie zu verstehen. Mit dem ganzen

Körper nachempfinden zu können, was dies bedeutet – wenn dies geschieht, mache ich das, ansonsten mache ich etwas anderes –, macht die Sache konkret und deutlich. Nur die Vorstellungskraft setzt dem Grenzen, wie wir mit digitalem Denken und Programmieren ohne digitale Werkzeuge arbeiten können. Was wir erreichen wollen, ist das Verständnis dafür, wie wir mit einem Computer sprechen, das Verständnis für die Bedeutung ausreichend präziser Anweisungen, Muster und Verallgemeinerungen. Wir wollen Problemlösungen trainieren sowie die Fähigkeit, Ideen in Handlungen umzusetzen und gewohnte Denkmuster aufzubrechen.

Das Erschaffen eines physischen Pfades

Um allen Kindern die Möglichkeit zu geben, Programmierbefehle auszuprobieren, ist es eine gute Idee, das Lerntablet an einen Projektor anzuschließen, damit alle die gemeinsamen Aktivitäten auf dem großen Bildschirm verfolgen können. Jetzt war es für uns an der Zeit, den ganzen Körper zu benutzen. Wir gingen von der App *Lightbot Jr* aus und begannen gemeinsam, uns auf dem großen Bildschirm die verschiedenen Pfade anzusehen, um einen mit den Befehlen, die wir verwenden wollten, auszuwählen. Wir würden in unserem Spielzimmer einen physischen Pfad für alle Kinder der Einrichtung erschaffen. Nach einigen Diskussionen entschieden wir uns, einen Pfad mit fünf verschiedenen Befehlen – vorwärts, Lampe einschalten, Rechtskurve, Linkskurve und springen – zu verwenden. Wir waren uns einig, dass wir im Spielzimmer keine Teleportierung und kein Aufzugfahren betreiben wollten, also war dies genug. Die Kinder teilten die verschiedenen Befehle unter sich auf und begannen, sie auf A4-Blätter zu zeichnen.

Dann kam die schwierige Frage auf, wie viele Befehle wir brauchten. Es entstand eine lebhafte Diskussion, aber die Kinder waren sich einig, dass wir unbedingt zumindest den Vorwärts-Befehl verwenden müssten. Das Spielzimmer ist in seiner Größe begrenzt, also brauchten wir auch eine Menge Rechts- und Linkskurven. Wir wollten ja nicht, dass jemand direkt in die Wand liefe. Ein paar Lampe-einschalten-Befehle wollten die Kinder auch dabei haben, ein absolutes Minimum des Springen-Befehls. Doch wie sollten wir vorgehen, um all diese Befehle zu bekommen? Es würde furchtbar lange dauern, so viele Befehle zu zeichnen. Einem der Kinder fiel das Kopiergerät ein. Wir gingen dorthin und kopierten die A4-Blätter, auf die die Kinder die verschiedenen Befehle gezeichnet hatten. Jetzt hatten wir viele Vorwärts-Befehle, ziemlich viele Kurven sowohl nach rechts als auch nach links, einige Lampe-einschalten-Befehle und nur ein paar wenige Springen-Befehle. Jetzt war es an der Zeit, zum Spielraum zurückzugehen und mit dem Aufbauen des Pfades zu beginnen. Um unser

Springen-Kommando verwenden zu können, holten wir die niedrigen Basteltische der Gruppe. Sie hatten die perfekte Höhe, sowohl zum Drauf- als auch zum Herunterspringen. Die Kinder ordneten die Befehle so an, dass sie mit ihrem Programmierpfad den gesamten Spielraum füllten. Es war fast wie beim Eisenbahnbauen, man musste an der richtigen Stelle abbiegen, um die gesamte Bodenfläche und auch den Tisch nutzen zu können, damit wir die Springen-Befehle verwenden konnten. Im Gegensatz zu einer Eisenbahnstrecke musste der Pfad nicht zusammenhängen. Es war sogar gut, dass sich der Anfang und das Ende an verschiedenen Orten befanden.

Was man mit dem Körper lernt, bleibt im Kopf hängen

Als der Pfad endlich fertig war, war es an der Zeit, ihn auszuprobieren. Er funktionierte perfekt, und die Kniebeuge zum Einschalten der Lampe lief ausgezeichnet. Die Kinder waren mit ihrem Pfad zufrieden, und die übrigen Kinder der Gruppe, die mit anderen Projekten beschäftigt gewesen waren, fanden ihn spannend und freuten sich darauf, ihn selbst auch ausprobieren zu dürfen.

Jetzt trat also einer dieser goldenen Momente ein: Ich war so stolz auf meine Kindergruppe, als ich sah, wie die Kinder ihr Wissen an ihre neugierigen und interessierten Freunde weitergaben. Die Kinder waren stolz darauf, ihr Wissen und ihr Interesse am Erlernen von etwas Neuem zu vermitteln. Die Kinder, die erklären und zeigen konnten, erzählten uns, wie sie gearbeitet hatten und wie der Pfad durchgeführt werden sollte. Die übrigen Kinder hörten zu, probierten es aus und versuchten, den Pfad abzulaufen. Sie wechselten sich als Roboter ab, und als sie den Pfad beendet hatten, setzten sie sich hin und warteten, bis sie an der Reihe waren, und verfolgten mit Interesse, wie ihre Freunde den Pfad abliefen. Die Kinder fanden es lustig und herausfordernd, sowohl der Roboter zu sein, als auch ihre Freunde zu programmieren. Der Pfad im Spielzimmer war lange Zeit in Nutzung. Obwohl das Spielzimmer für viele andere Zwecke verwendet wurde, wurde es stets wieder so aufgeräumt, dass der Programmierpfad intakt blieb. Alle achteten auf die am Fußboden aufgeklebten Befehle, damit sie nicht abrissen und verschwanden.

Durch analoge Übungen zum Thema Programmieren und digitalem Denken, ohne dabei digitale Werkzeuge zu verwenden, werden verschiedene Konzepte visualisiert. Wenn wir auf viele verschiedene Arten und mit unterschiedlichen Materialien arbeiten, erhalten mehr Kinder die Möglichkeit, sich die Fähigkeiten anzueignen. Wir lernen auf eine unterschiedliche Art und Weise, und es ist wichtig, dass wir allen Kindern die Möglichkeit geben können, sich die Fähigkeiten auf die Art und Weise anzueignen, die sich für jedes Kind am besten eignet. Kindern die Möglichkeit zu geben, ihr neu erlangtes Wissen zu teilen, führt dazu, dass sie über das Gelernte nachdenken. Dies hilft ihnen, ihre neuen Kenntnisse in Worte zu fassen. Es gibt den Kindern auch Vertrauen in ihre eigenen Fähigkeiten und Stolz und Verständnis für ihr eigenes Lernen.

Weitere Erkundungen

Spiele mit genauen Anweisungen

Das Internationale Wissenschaftsfestival in Göteborg ist ein jährliches Festival, das Wissen verbreiten und weiterführende Studien fördern soll. Die experimentelle Werkstatt ist das Pop-up-Science-Center des Wissenschaftsfestivals mit einer Vielzahl an praktischen Aktivitäten. Dort können Kinder auf eine unterhaltsame Weise experimentieren und über technische und naturwissenschaftliche Phänomene nachdenken. Als wir im Frühjahr 2017 die experimentelle Werkstatt mit der Kindergruppe besuchten, gab es dort einen Bereich, der

„Logische Purzelbäume“ hieß. Dort gab es eine fantastische Station, an der die Kinder die Möglichkeit hatten, die Wichtigkeit von exakten Anweisungen verstehen zu lernen. Zwei Kinder sollten sich gegenübersitzen und sich mit der Aufgabe beschäftigen, etwas mit Duplo zu bauen und das Gebaute anschließend dem anderen Kind so zu erklären, dass das Gegenüber genau das Gleiche bauen konnte. In der Mitte des Tisches befand sich ein Sichtschutz, sodass die Kinder nicht sehen konnten, was das jeweils andere Kind gebaut hatte. Als die Kinder fertig waren, wurde eine Luke geöffnet, sodass sie sehen konnten, ob sich auf der anderen Seite eine Kopie des Gebauten befand.

Eine perfekte Kopie der Duplo-Konstruktion

Das war schwierig, machte aber Spaß, fanden die Kinder. Ich fand, es war eine gute Möglichkeit, das Geben exakter Anweisungen zu üben, und so nahm ich die Idee mit nach Hause in den Kindergarten. Wir hatten keinen ausgefeilten Sichtschutz mit einer Luke zum Hochziehen, aber ein paar kleine Tische aus der Puppenecke taugten ausgezeichnet, um sie hochkant zwischen den Kindern, die zusammenarbeiten sollten, aufzustellen. Es war spannend, den Diskussionen zuzuhören und zu sehen, wie unterschiedlich die Kinder die Aufgabe lösten. Manchmal reichte es aus, nur ein paar Steine zu verwenden, denn für einige Kinder war es selbst mit nur drei Steinen knifflig. Sie wurden frustriert, als sie sich gegenseitig nicht verstanden.

„Stell den blauen auf den roten."
„Wo soll ich ihn hinstellen?"
„Stell ihn auf den roten."
„Aber wohin?"
„Auf den roten!"

So steckten die Kinder lange Zeit fest, die Verständigung wurde nicht klar. In solchen Fällen ist es wichtig, in der Nähe zu sein und darauf reagieren zu können, wenn die Kinder Unterstützung und Hilfe bei den Erklärungen benötigen, damit sie weiterkommen. Ich half ihnen, indem ich die Bauenden aufforderte, ihr Bauwerk so einfach wie möglich zu gestalten: drei ähnliche Legosteine, die sich nur in der Farbe unterschieden, genau aufeinander wie ein kleiner Turm. Da begannen sie zu verstehen und konnten die Aufgabe lösen. Sie konnten die Farben variieren und sich beim Bauen abwechseln und die Aufgabe in beiden Richtungen lösen. Nach ein paar Runden variierten sie, welche Steine sie verwendeten – Vierer-, Sechser- oder Achter-Steine –, und jetzt schafften die Kinder es ohne Probleme. Die Kinder waren zufrieden, und es war deutlich, dass sie etwas zum Nachdenken bekommen hatten. Es ist nicht immer so einfach, exakte Anweisungen zu geben.

Ein anderes Kinderpaar verstand das Konzept direkt, und bei ihnen waren andere Arten von Diskussionen zu hören. Es gab genaue Anweisungen, aber auch klärende Fragen:

„Nimm zwei gelbe Achter als Füße und setze darauf zwei weiße Achter als Beine."
„Meinst du, dass die Füße hervorstehen sollen?"
„Ja, genau so, die weißen Achter als Beine sind auf der anderen Seite. Nimm dann zwei gelbe Achter als Arme."
„Sollen sie auch auf der anderen Seite hervorstehen?"

„Ja, am Schluss setzt du einen weißen Vierer als Kopf in die Mitte."
„Soll der nur mit zwei Noppen auf den beiden gelben sitzen?"

Das Kind, das erklärte, drückte sich sehr genau aus, und das andere Kind, das versuchen sollte, sein Konstrukt nachzubauen, stellte Fragen, um zu überprüfen, ob es richtig verstanden hatte. Sie blieben lange bei der Sache und schafften immer kompliziertere Bauwerke. Wenn das Nachgebaute nicht exakt gleich war, wussten beide, an welcher Stelle in der Kommunikation etwas schiefgelaufen war. „Ich habe gedacht, du meintest das, als du gesagt hast ..." Nachdem sie sich eine ganze Weile mit dem Konstruieren beschäftigt hatten, machten sie eine Pause und stellten fest: „Karin, wir sind ziemlich schlau, sowohl beim Erklären als auch beim Zuhören und Verstehen." Dem konnte ich nur zustimmen.

Durch das Arbeiten mit genauen Anweisungen wird den Kindern klar, wie schwierig es sein kann zu kommunizieren und Anweisungen zu geben, die funktionieren. Es ist wichtig, die Kommunikation auf das Wesentliche zu reduzieren und präzise zu sein. Beispielsweise reicht es nicht aus, nur die Farbe des Duplosteins zu kommunizieren. Es gibt viele Steine mit der gleichen Farbe, die sich aber aufgrund anderer Eigenschaften unterscheiden. Das Anweisen eines Menschen, einer Maschine oder eines Computers erfordert Genauigkeit und Klarheit ohne unnötige Informationen, da es sonst schwieriger wird, das Wesentliche aus dem Informationsfluss herauszusieben.

Das Sortieren von Daten mit dem Flussdiagramm

Die Kinder wurden neugierig, als ich eine große Kunststoffplane hervornahm und auf den Boden legte. Ich begann, Rechtecke auf die Plane zu zeichnen und sie mit Strichen zu verbinden. „Was sollen wir eigentlich machen?", fragten sich die Kinder. Ich erklärte ihnen, dass wir jetzt versuchen würden zu verstehen, wie ein Computer funktioniert. Die Kinder bekamen die Anweisung, dass sie am einen Ende Informationen oder zu verarbeitende Daten eingeben sollten, die sie am anderen Ende sortiert herausbekommen würden. Sie fanden das spannend und warteten eifrig darauf, es ausprobieren zu können. Wir würden das gleiche Prinzip anwenden wie im Beispiel mit den Steinen, das wir zuvor besprochen haben. Diesmal hatte ich eine Menge dünner Rundstäbe in verschiedenen Längen vorbereitet und bat die Kinder, sich jeweils einen auszusuchen und dann ein Rechteck zu wählen, auf dem sie am Anfang stehen würden. Dann erklärte ich, wie das Flussdiagramm funktionierte. Bei jedem Schritt sollten die Kinder, die zusammen in einem Rechteck standen, ihre Stäbe vergleichen. Dasjenige, das den längeren Stock hatte, sollte sich nach rechts und dasjenige mit dem kürzeren Stock nach links stellen. Die älteren Kinder halfen den jüngeren, sodass alle Sortierungen richtig wurden. Sobald eine Sortierung fertig war, gingen sie zur nächsten über. Nachdem alle Kinder alle Stufen durchlaufen hatten, legten sie die Stäbe vor sich hin und sahen, dass die Sortierung funktioniert hatte. Alle Stäbe lagen in der richtigen Reihenfolge, ordentlich der Länge nach sortiert. Die Kinder hatten Zweifel, ob dies nicht nur Zufall war und ob es auch beim nächsten Mal funktionieren würde. Sie wiederholten den Versuch und begannen in anderen Rechtecken und mit anderen Stäben, aber das Ergebnis war das gleiche. Jedes Mal waren die Stäbe am Ende ordentlich sortiert. Die Kinder fragten sich, ob dies auch mit anderen Dingen funktionieren würde. Sie sortierten sich selbst der Größe nach, und auch das funktionierte. Es war auch möglich, nach Gewicht zu sortieren, welcher Gegenstand der leichteste war und welcher der schwerste. Es gab viele Diskussionen, da es zwischen einigen der Dinge, die die Kinder geholt hatten, nicht so große Unterschiede gab. Nach den Diskussionen kamen die Kinder zu einem Ergebnis, mit dem alle zufrieden waren.

Indem die Kinder die Sortierarbeit und die Bewegungen bei ihrer Arbeit mit dem Flussdiagramm selbst ausführten, konnten sie physisch erleben, wie ein Computer arbeitet. Bei der kleinen Aufgabe zum Sortieren von sechs Objekten waren mehrere Schritte in einer bestimmten Reihenfolge erforderlich, damit das Ergebnis am Ende korrekt war. Bei Fehlern ist auch die Fehlersuche konkret. Es ist klar, wo die Fehler auftreten und wie diese behoben werden können. Die Arbeit gibt den Kindern auch die Möglichkeit, über das Konzept des Vergleichens nachzudenken und sich damit zu beschäftigen, was es bedeutet, dass etwas relativ ist. Ein Stab kann sowohl kürzer als auch länger als andere Stäbe sein, abhängig davon, mit welchem anderen Stab er verglichen wird. Die Kinder können, wenn der Stab in Beziehung zu einem anderen Stab gesetzt wird, entscheiden, ob er lang oder kurz ist. Das Vergleichen und das Erkennen von Unterschieden ist die Grundlage für die Konzepte von Größe, Menge und Gewicht.

Die Tanzprogrammierung

Den Kindergarten-Tag feiern wir in meiner Einrichtung immer mit dem *Strannegårdsloppet* (Strannegårds-Lauf). Alle Kinder aus dem gesamten Kindergarten nehmen teil. Die jüngsten Kinder laufen eine kurze Strecke im Hof, die älteren Kinder starten ein bisschen weiter weg und laufen dann Richtung Meer, das nicht weit von uns entfernt liegt. Auf dem Weg ist ein Getränkepunkt aufgebaut, dann geht es weiter einen langen Hügel hinauf, und im Anschluss wieder zum Kindergarten zurück. Dies ist ein toller und beliebter Tag; im Ziel bekommt jedes Kind eine Banane und eine Medaille überreicht. Vor dem Start ist es wichtig, den Körper aufzuwärmen. Die ältesten Kinder sind für das Aufwärmen verantwortlich, und im vergangenen Jahr wurde dabei alles Mögliche von Pausengymnastik bis zum Tanzen angeboten.

Dieses Mal war es Zeit für etwas Neues – Tanzprogrammierung. Wir hatten viel mit Programmieren gearbeitet, sodass die Kinder bereits mit der Verwendung von Befehlen vertraut waren. Doch könnte daraus ein Tanz werden? Wir dachten darüber nach, welche Befehle es gab. Links, rechts, vorwärts und rückwärts schienen uns selbstverständlich. Wir probierten links, rechts, vorwärts, rückwärts aus – und ja, es funktionierte. Doch die Kinder wollten auch den Springen-Befehl dabeihaben. Gerade der Springen-Befehl kann bei der Blockprogrammierung etwas abweichend aussehen, sodass nicht ganz klar war, wie er in unserer Programmierung aussehen sollte. Schließlich entschieden sich die Kinder für ein gezeichnetes Strichmännchen. Um zu verdeutlichen, dass das Strichmännchen springt, sollten unter seinen Füßen Pfeile nach oben zeigen. Händeklatschen erschien uns auch als ein guter Tanzbefehl. Dieser Befehl wurde von zwei Händen mit Pfeilen dazwischen dargestellt. Nun begannen wir darüber nachzudenken, wie oft wir die verschiedenen Bewegungen ausführen sollten. Eine Sequenz sollte aus links, rechts, vorwärts und rückwärts bestehen, was wir zweimal wiederholen würden. So sah die erste Sequenz aus: (⟵⟶ ↑↓)2. Die nächste Sequenz sollte nach Meinung der Kinder aus zwei Sprüngen und dreimal Händeklatschen bestehen.

Dann war es an der Zeit, nach Musik zu suchen, die zu den Bewegungen passen würde. Wir probierten ein paar Sachen aus und merkten direkt, dass es mit dem dreimaligen Händeklatschen schwierig werden würde. Es passte zu keiner Musik, daher änderten wir es in zweimal. Die erste Sequenz mit (⟵⟶ ↑↓)2 war ebenfalls schwierig. Wir mussten sie entweder sehr schnell oder sehr langsam ausführen. Also nahmen wir die Befehle für vorwärts und rückwärts raus und behielten nur links und rechts zweimal (⟵⟶)2 bei. Jetzt war es leichter, und wir entschieden gemeinsam, dass der Song *Elektrisk* von Marcus und Martinus für unseren Tanz perfekt wäre. Jetzt mussten wir herausfinden, wie viele Loops notwendig waren, um den gesamten Tanz fertig zu bekommen.

Einige Kinder rechneten und andere tanzten. Wenn wir das Intro abwarteten und danach anfingen zu tanzen, benötigten wir 24 Loops, um den gesamten Tanz zu tanzen. Die Kinder waren mit ihrem Tanz zufrieden. Eine größere Rolle Papier eignete sich perfekt, um den gesamten Tanzcode mit großen Befehlen aufzuschreiben, damit alle Kinder ihn gut sehen konnten.

Der Code für den Tanz funktioniert

Als es endlich Zeit für den Strannegårdsloppet war, bereitete eine Gruppe erwartungsvoller Kinder das Aufwärmen vor. Der Code sollte weit oben aufgehängt werden, sodass alle ihn sehen konnten. Die Kinder probierten verschiedene Platzierungen aus, bevor sie zufrieden waren. Die Lautstärke der Musik wurde getestet, damit alle das Lied gut hören konnten. Das Letzte, was wir besprechen mussten, bevor wir alle Kinder versammelten, war, wie wir die Bewegungen am besten sehen konnten. Die Kinder einigten sich darauf, dass ein paar Kinder so stehen sollten, dass sie den Code sehen konnten und die anderen auf ihren Rücken gucken würden. „Dann sehen sie, was wir machen, und laufen in die gleiche Richtung", lautete die Erklärung dafür. Andere sollten erklären, wie der Tanz funktionierte, und sie können denjenigen Kindern gegenüberstehen, die den Tanzcode lernen sollten. Als wir bereit waren und alle übrigen Vorbereitungen für den Lauf ebenfalls abgeschlossen waren, versammelten sich alle Kinder auf der großen Wiese und schauten erwartungsvoll und ein wenig verwundert auf den Code, der angezeigt wurde. Nach einem Durchgang zur Erklärung, wie es funktionieren sollte, und einigen Übungsdurchläufen war das Aufwärmen in vollem Gange. Der Code funktionierte und war außerdem ausreichend einfach, dass die meisten Kinder mithalten konnten. Zufrieden mit ihrer Leistung ging die Tanzprogrammiergruppe an den Start. Es war wunderbar, die Gespräche der Kinder auf dem Weg dorthin zu hören.

„Was sollen wir beim nächsten Mal für Befehle verwenden? Und welche Musik wollen wir dann auswählen?" Sie planten bereits den nächsten Tanz, den sie choreografieren wollten.

Durch die Arbeit mit der Tanzprogrammierung bekommen die Kinder die Möglichkeit, ihre Programmierkenntnisse in einer neuen Situation anzuwenden. Sie erfahren mit dem ganzen Körper, und das Konzept der verschiedenen Sequenzen und eines Loops kann für sie auf diese Weise deutlich werden. Dass ein relativ kurzer Code für einen ganzen Song ausreichen kann, indem er nur oft genug wiederholt wird, kann für viele Kinder zu einem Aha-Erlebnis werden, um zu begreifen, was ein Loop ist. Dadurch, dass die Kinder entdecken, dass sie mithilfe von Programmierbefehlen ihre eigene Tanzchoreographie erstellen können, erhalten sie einen neuen Blick auf das Tanzen. Auf diese Weise haben sie die Möglichkeit, eigene Tänze zu kreieren und sie vor allem anderen Kindern zu vermitteln.

Problemlösung mit den Jüngsten im Kindergarten

Bei den Aktivitäten mit den allerjüngsten Kindern im Kindergarten üben wir täglich das Lösen von Problemen und das Finden von Mustern. Es geht darum, große Probleme in kleinere Probleme zu unterteilen und Dinge in der richtigen Reihenfolge zu tun. Wichtig ist z. B., sich die Oberbekleidung in der richtigen Reihenfolge anzuziehen, bevor man vor die Tür gehen kann. Die meisten kleinen Kinder ziehen sich gerne ihre Stiefel an, da dies ein Schritt ist, den sie selbst beherrschen. Müssen Regenhosen angezogen werden, dann muss dies natürlich zuerst getan werden, bevor die Stiefel dran sind, sonst ist es praktisch unmöglich, die Hose anzuziehen. Das Anziehen der Oberbekleidung besteht aus einer Reihe von Befehlen, die in der richtigen Reihenfolge ausgeführt werden müssen, damit sie eine Sequenz bilden. Es gibt viele Sequenzen, die zu einem Code zusammengefügt werden, und so erstellen wir einen Algorithmus, der notwendig ist, um sich zum Rausgehen fertig anzukleiden.

Wir müssen den jüngsten Kindern, die gerade anfangen zu verstehen, wie die Aktivitäten im Kindergarten aufgebaut sind, dabei helfen, überflüssige Informationen auszusortieren und verschiedene Muster zu erkennen. Vieles wiederholt sich und kann dem Tag Struktur geben. Wenn wir mit dem Mittagessen fertig sind, räumen wir immer Teller, Gläser und Besteck weg und waschen uns die Hände und den Mund. Danach folgt immer eine Mittagspause und es ist Zeit, möglicherweise einen Schnuller und Kuscheltiere zu holen und sich auf die Matratze zu legen. Auf diese Weise setzt sich der Tag im Kindergarten in einem Loop fort, der sich jeden Tag wiederholt. Es schafft Sicherheit, zu wissen, was passieren wird, aber es gibt viele verschiedene Bedingungen, die dazu führen, dass die Tage mit verschiedenen Inhalten gefüllt werden: Wenn dies geschieht, folgen wir dem oben beschriebenen Ablauf, ansonsten machen wir etwas anderes.

Bei den Aktivitäten mit den jüngsten Kindern geht es darum, Strukturen zu finden und das Lösen von Problemen auf verschiedene Arten zu üben. Wichtig ist, dass wir den Kindern helfen, in Worte zu fassen, was sie tun, und ihnen auch Zeit geben, etwas selbst zu machen und vor allem selbst zu entdecken. Wir dürfen nicht hingehen und direkt korrigieren, sondern müssen den Kindern stattdessen die Möglichkeit geben, das Lösen der Probleme selbst zu üben. Wenn sie mit den Stiefeln anfangen wollen, lassen Sie sie es tun. Sie werden feststellen, dass es nicht funktioniert, so die Regenhose anzuziehen, oder dass die Socken zuerst angezogen werden müssen, bevor man die Schuhe anzieht. Wenn die Kinder die Zeit bekommen, zu entdecken und zu untersuchen, ohne dass sie berichtigt werden, üben sie ihre Fähigkeiten zur Lösung von Problemen. Wenn sie feststecken, können wir ihnen helfen, in Worte zu fassen, worin das Problem besteht. Wie ist es so geworden? Was ist falsch? Was möchtest du tun? Was kannst du ändern, damit es funktioniert? Die Rolle des Erziehers besteht darin, Unterstützung bei den Fragestellungen zu leisten, die zum richtigen Ergebnis führen, anstatt sie zu beheben, sodass es direkt funktioniert, ohne dass die Kinder am Prozess beteiligt gewesen sind. Wenn wir den jüngsten Kindern erlauben, sich in der Nähe der älteren Kinder aufzuhalten, profitieren sie stark davon. Sie lernen von ihnen, beobachten, denken nach und setzen ihr Wissen schließlich in praktisches Handeln um.

Als wir mit dem Programmierpfad im Spielzimmer arbeiteten, zeigten auch die jüngsten Kinder Interesse daran. Sie beobachteten, wie die großen Kinder den Pfad abliefen, und untersuchten die verschiedenen Befehle, die auf den am Boden aufgeklebten Papierblättern aufgezeichnet waren. Da sich der Pfad noch lange Zeit im Spielzimmer befand, fanden die Kinder viele Gelegenheiten, um den Großen dabei zuzuschauen, wie sie den Pfad abliefen. Es dauerte nicht lange, bis auch die Jüngsten begannen, den Blättern auf dem Boden zu folgen. Es war wie einen Pfad entlang zu gehen, der spannend war. Die älteren Kinder zeigten und erklärten und waren der Meinung, dass die jüngeren Kinder es toll machten. Sie halfen ihnen beim Springen-Befehl auf den niedrigen Tisch, aber schon bald konnten die Jüngeren auch diesen Schritt selbst ausführen. Während der Wochen, in denen sich der Programmierpfad im Spielzimmer befand, kehrten die jüngsten Kinder häufig zum Pfad zurück und gingen Teile davon oder den gesamten Pfad, entweder alleine oder zusammen mit ihren Freunden.

Indem sie die Möglichkeit bekommen, die älteren Kinder zu beobachten, lernen die jüngeren Kinder, wie ein Programmierpfad funktioniert. Lernen findet im sozialen Kontext statt, und die größeren Kinder sind Vorbilder für die jüngeren. Sie inspirieren sie, ihre Welt zu erweitern und etwas Neues auszuprobieren. Die gleichen Dinge tun zu können wie ihre älteren Freunde, gibt ihnen das Gefühl, etwas zu können und in einen Kontext zu gehören. Dies stärkt sowohl das Selbstwertgefühl als auch das Selbstvertrauen.

Programmieren mit Robotern und weiterem Zubehör

Der Markt für Programmierzubehör wächst ständig. Es gibt eine Menge an verschiedenen Robotern und Zubehör zu kaufen. Die Roboter haben unterschiedliche Funktionen und arbeiten entweder als eigene Einheit oder werden analog mit Tasten am Roboter gesteuert. Alternativ können sie auch mit einem digitalen Tool, wie einem Smartphone oder einem Lerntablet, verbunden und von dieser Einheit aus gesteuert werden.

Bee-Bot ist eine kleine gelbe Biene, die analog durch Tastendruck auf der Oberseite programmiert wird. Die Befehle lauten vorwärts, rückwärts, links, rechts, Pause, stopp und go (gehen). Die Abfolge der gedrückten Tasten wird im Speicher des Roboters gespeichert und durch das Drücken der X-Taste gelöscht. Dann wird der Speicher zurückgesetzt, und es ist möglich, neu zu starten.

Blue-Bot ist eine bläuliche transparente Biene, die eine Weiterentwicklung von *Bee-Bot* darstellt. Sie verfügt mit der analogen Programmierung über genau die gleiche Funktion, hat aber zusätzlich noch eine App zur Fernsteuerung. Über *Blue-Bot Remote* kann der Roboter über das Lerntablet gesteuert werden. Es kann ganz einfach ausgewählt werden, welche Pfeile dabei sein sollen, für die auch Töne hinzugefügt werden können. Dies ist eine tolle Möglichkeit, um rechts, links, vor und zurück zu üben. Der *Blue-Bot* kann auch mit der *Blue-Bot*-App auf den Lerntablets verbunden werden. Die App zeigt an, welche Befehle ausgewählt wurden, und es ist einfach, etwas zu verändern, wenn beim Programmieren ein Fehler unterläuft. Durch das Drücken von „go" werden sowohl der Roboter in der App als auch der physische Roboter bewegt. Der *Blue-Bot* ist gut anwendbar, weil er separat verwendet werden kann, er hat aber auch den Vorteil, dass er mit der App auf dem Lerntablet verbunden werden kann. Er ist übersichtlich und verfügt über einfache Befehle. Bei Verwendung zusammen mit dem Lerntablet wird die Anwendung konkret, und es kann verfolgt werden, welche Befehle programmiert wurden. Dies macht es einfach zu korrigieren, wenn etwas schiefläuft.

Ollie ist ein kleiner zylinderförmiger Roboter, der mit dem Lerntablet oder mit einem Smartphone gesteuert wird. Er ist schnell, aber klar in der Bedienung und reagiert direkt auf Wendungen und Abbremsen. Er kann sich im Kreis drehen, sich überschlagen und eine Menge verschiedener Tricks vorführen. *Ollie* ist lustig und präzise in seinen Bewegungen, aber wenn man ihn nur durch Fingerbewegungen auf dem Lerntablet und nicht durch Befehle steuert, kann der Programmieranteil für Kinder unklar bleiben.

Sphero ist ein funkgesteuerter Ball, der mit einem Lerntablet oder einem Smartphone gesteuert wird. Er kann mit den Apps *Sphero Play* und *Sphero Edu* kombiniert werden.

In **Sphero Play** kann das Lerntablet als Joystick verwendet werden, und *Sphero* folgt den Bewegungen gut. Doch es gibt verschiedene Möglichkeiten *Sphero* zu steuern, z. B. mit Tönen oder mit dem Gesicht. Dabei kommen fröhliche und ärgerliche Gesichtsausdrücke zum Einsatz, oder der Kopf wird in verschiedene Richtungen bewegt. Das Ganze kann auch umgedreht und die in der App vorhandenen Spiele gespielt werden, wobei der *Sphero*-Ball als Spielsteuerung verwendet wird – nicht ganz leicht, aber eine spaßige Alternative.

In **Sphero Edu** können die *Sphero*-Bälle mit *Ollie Darkside* und einigen anderen Robotervarianten aus dem Angebot von *Sphero* verknüpft werden. Mit der App *Edu* kann tatsächlich programmiert werden. Entweder durch Zeichnen von Pfaden, denen der Roboter dann folgt, durch die Verwendung von Blockprogrammierung oder durch Programmierung mittels JavaScript.

Ozobot 2.0 wird durch die Verwendung von Filzstiften gesteuert und programmiert. Er folgt schwarzen Linien und erhält unterwegs seine Befehle durch verschiedene Farbkombinationen. Grün-schwarz-rot bedeutet, nach links abzubiegen, blau-grün-rot weist an, rechts abzubiegen. Es ist auch möglich, den *Ozobot* direkt auf das Lerntablet zu legen und zusammen mit der *Ozobot*-App zu verwenden.

Dies sind einige der existierenden Programmierroboter, die bei der pädagogischen Arbeit sinnvoll eingesetzt werden können. Alle haben Vor- und Nachteile und man sollte bewusst mit ihnen arbeiten, damit sie nicht nur als unterhaltsames mechanisches Spielzeug verwendet werden. Überlegen Sie sich, was Sie erreichen wollen und welches Gerät für diesen Zweck sinnvoll wäre. Kindergärten können sich einigen, welche Programmierroboter sie kaufen möchten und sie untereinander ausleihen. Für die Roboter gibt es auch verschiedenes Zubehör. Neben einer Vielzahl an verschiedenen Apps gibt es Programmierkarten, Gestelle für die Programmierkarten, verschiedene Varianten von Matten als Unterlage und vieles mehr. Es ist einfacher, spaßiger und billiger, zusammen mit den Kindern kreativ zu sein und das Zubehör stattdessen selbst zu gestalten. Dadurch wird die Arbeit mit dem Programmieren kreativ und schöpferisch, und die Kinder bekommen die Möglichkeit, auf viele verschiedene Arten an der Problemlösung zu arbeiten. Außerdem ist es für die Kinder viel befriedigender, selbst erstellte Programmierkarten zu verwenden, als gekaufte einzusetzen.

Bee-Bot

Als wir zum ersten Mal mit einem physischen Roboter arbeiteten, entschieden wir uns für *Bee-Bot*. Es können gut mehrere Roboter verwendet werden, sodass die Kinder beispielsweise zu zweit zusammenarbeiten können. Eine Möglichkeit anzufangen besteht darin, die sechs Programmierungsschritte des Roboters durchzugehen: vorwärts, rückwärts, Linkskurve, Rechtskurve, Pause und stopp. Die Kinder erkannten die verschiedenen Schritte wieder, da wir vorher

Konzentriertes Programmieren

mit *Lightbot Jr* gearbeitet hatten, sodass die Schritte einleuchtend erschienen. Allerdings war es neu für uns, dass *Bee-Bot* Programme im Speicher ablegt und dass das Drücken der X-Taste erforderlich ist, um vorherige Dateneingaben zu löschen. Dies war ein bisschen kniffliger und für viele Kinder eine große Herausforderung. Wenn vorherige Eingaben nicht gelöscht werden, ist es verwirrend. „Man darf nicht vergessen zu x-en", sagten die Kinder, als sie sich gegenseitig daran erinnerten, vor dem Programmieren neuer Befehle die alten zu löschen. Als es Zeit war anzufangen, verteilten sich die Kinder an den Rändern des Raumes und nahmen jeweils einen *Bee-Bot* mit. Mitten im Raum hatte ich mit Klebeband ein rotes Kreuz auf den Boden geklebt, und die Aufgabe bestand darin, den Roboter so zu programmieren, dass er sich im Raum bewegte und auf dem roten Kreuz stehen blieb. Die einzige Verhaltensregel war, dass die Kinder den Roboter nicht anheben oder schieben durften. Sie durften ihn nur programmieren.

Die Kinder legten direkt los, und ihre Strategien waren vielfältig. Einige verfolgten die Strategie, sich einen Befehl nach dem anderen vorzunehmen und zu schauen, wo der Roboter landete, ihn zurückzusetzen und dann den nächsten Befehl zu geben. Andere wiederum gaben eine Menge verschiedener Befehle, ohne weiter nachzudenken und ohne zu schauen, wo der Roboter landen würde. Die Roboter bewegten sich hin und her, und die Kinder diskutierten, welche Befehle als nächstes benötigt würden und weshalb sie dort landeten, wo sie herauskamen. Sie schauten, was ihre Freunde machten, um zu sehen, wie sie die Aufgabe lösten und um Inspirationen für den nächsten Schritt zu bekommen. Es fiel ihnen nicht leicht, dem Roboter nicht einfach zu helfen, indem sie ihn anhoben oder herumschoben, und stattdessen lediglich die Programmierungsbefehle zu verwenden. Besonders schwierig wurde es, wenn sie vergessen hatten, die X-Taste zu drücken und der Roboter viele Sequenzen in seinem Speicher hatte. Mit großer Beharrlichkeit und gemeinsamen Diskussionen lösten schließlich alle Kinder die Aufgabe, und alle Roboter erreichten das rote Kreuz. Die Kinder freuten sich darüber, dass sie die Aufgabe gelöst hatten, und wir sprachen zum Abschluss darüber, was schwierig gewesen war, was ihnen leichtgefallen war und was sie getan hatten, um zurechtzukommen. Die Kinder fanden, es sei am besten, ein paar Befehle auf einmal zu geben und zu schauen, wo der Roboter landete, ihn dann zurückzusetzen und zu überlegen, welche Befehle ab dem neuen Startpunkt notwendig waren.

Indem der ersten Tätigkeit mit einem physischen Programmierungsroboter ein einfacher Charakter verliehen wird, nämlich den Roboter zum roten Kreuz zu bewegen, bekommen die Kinder freien Spielraum, um zusammen mit einem Freund zu erkunden, wie sich ein *Bee-Bot* bewegt. Beim digitalen Denken gibt es viele verschiedene Schritte, die die Kinder üben, wie das Aufteilen eines Problems in kleinere Probleme. Sie üben auch das Arbeiten mit Sequenzen und das Erteilen von Befehlen in der richtigen Reihenfolge: zuerst, dann, zuletzt. Sie haben die Möglichkeit zu entdecken, dass, wenn ein Problem auftritt, es der Programmierer ist, der es verursacht hat, indem er entweder einen Befehl vergessen oder die Befehle in der falschen Reihenfolge gegeben hat. Ein Roboter tut genau das, wozu er programmiert wurde. Die Arbeit kann auch zu vielen Diskussionen unter den Kindern führen und sie ermutigen, sich gegenseitig zu unterstützen und zu helfen. Sie lernen zusammen.

Der Bee-Bot auf dem Lerntablet

Der *Bee-Bot* ist auch als Programmier-App erhältlich. Der nächste Schritt bestand darin, die Kinder parallel mit dem physischen Roboter und der App auf dem Lerntablet arbeiten zu lassen. Sie mussten sich abwechseln und selbst entscheiden, ob sie den Roboter programmieren oder mit dem Lerntablet arbeiten wollten.

Die Kinder fanden es spannend, dass sich der Roboter auf dem Lerntablet befand und sich dort auf die gleiche Weise bewegte. Sie fanden direkt heraus, dass die Tasten am Roboter die gleichen waren wie die Befehlstasten in der App. Auch in der App speichert der *Bee-Bot* die eingegebenen Befehle, und man muss daran denken, ihn zwischen den Eingaben zurückzusetzen. Die Ähnlichkeit bezüglich des Aussehens führte dazu, dass die Kinder anfangs erwarteten, dass sich auch der physische Roboter bewegen würde, wenn sie auf dem Lerntablet auf „go“ drückten. Sie hängen jedoch in keiner Weise zusammen, außer dass sich die Roboter im Aussehen gleichen. Die Kinder entschieden sich daher schnell, getrennt mit ihnen zu arbeiten.

Die App *Bee-Bot* ist niedlich und für Kleinkinder geeignet, es muss aber aufgepasst werden, welche Befehle eingegeben werden. Das schrittweise Bewegen der Biene in der Gegend und das Drücken von X nach jeder Sequenz, bevor es von der neuen Startposition aus weitergeht, kann ein guter Anfang sein, wenn die Kinder in das Programmieren eingeführt werden. Nachdem wir mit dem Programmieren gearbeitet hatten, wollten die Kinder einen Schritt weitergehen und den ganzen Pfad auf einmal einprogrammieren. Doch es ist bei etwas längeren Pfaden schwierig, sich daran zu erinnern, welche Befehle einprogrammiert wurden und an welcher Stelle des Pfades sich der Roboter gerade befindet. Der Roboter auf dem Lerntablet verlor schnell seine Anziehungskraft, da nicht erkennbar war, welche Befehle eingegeben wurden. Wenn die Kinder an das Zurücksetzen dachten, näherten sie sich Schritt für Schritt der Lösung und gelangten ins Ziel, aber sie konnten nicht im Rückblick nachvollziehen, welche Befehle sie verwendet hatten, da diese nirgendwo sichtbar waren. Es ist auch nicht möglich, den Roboter mit den gewählten Befehlen erneut den Pfad entlanglaufen zu lassen. Wenn der Roboter das Ziel erreicht, wird ein Menü angezeigt mit der Auswahlmöglichkeit, neu anzufangen oder einen anderen Pfad auszuwählen. Wir verwarfen die App schnell und verwendeten stattdessen lediglich die physischen Roboter. Die App erfüllt nicht die Funktion, die ich mir für das Üben des Programmierens und des digitalen Denkens wünsche, da es keine Möglichkeit gibt, eventuelle Fehler zu korrigieren und es erneut zu versuchen.

Programmierung auf dem Tablet

Durch die Arbeit mit *Bee-Bot* auf dem Lerntablet können die Kinder die Grundlagen des Programmierens üben. Sie erkennen die Gemeinsamkeit, wenn sie sowohl die App als auch den Roboter benutzen, und können dadurch ihren Lerneffekt verstärken. Dies gibt ihnen von Anfang an Vertrauen in ihr Können. Auf der anderen Seite ist es aufgrund des Aufbaus der App für sie schwierig, ihre analytischen Fähigkeiten und ihre Fähigkeiten zur Fehlerbehebung zu üben.

Bee-Bot und erhöhte Positionen

Als wir anfingen mit *Bee-Bot* zu programmieren, hatten die Kinder freien Platz auf dem Boden. Der nächste Schritt bestand darin, den Schwierigkeitsgrad zu erhöhen und die Kinder überlegen zu lassen, wie sich ein *Bee-Bot* bewegt. Für diesen Zweck benutzte ich unsere teilbare erhöhte Bühne, und die Kinder durften auf ihrem Teil der Bühne jeweils zu zweit arbeiten. Natürlich ist es möglich, alles zu verwenden, was im Kindergarten verfügbar ist. Die Kinder sollten eine offene Aufgabe lösen, das heißt den Roboter so programmieren, dass er sich zwischen ihnen hin und her bewegte, ohne auf den Boden zu fallen. Sie begannen sorgfältig auszuprobieren, wie weit ein *Bee-Bot* mit einem Vorwärtskommando kommen würde. Was passierte, wenn er abbog? Bewegte er sich gleichzeitig vorwärts oder bog er lediglich ab? Jetzt war es noch wichtiger, sich an das Zurückstellen zu erinnern, damit sich keine früheren Befehle mehr im Speicher des Roboters befanden. Da alle Teile der Bühne unterschiedlich waren, sahen die Lösungen der Paarungen ebenfalls alle unterschiedlich aus. Auf einem Teil der Bühne waren elf Schritte vorwärts erforderlich und auf einem anderen nur acht, damit sich der Roboter von einem Rand zum anderen bewegen konnte. Die Variationen lösten Diskussionen aus, und die Kinder tauschten die Bühnenteile und teilten ihre Berechnungen darüber mit, welche Befehle für den jeweiligen Bühnenteil erforderlich waren.

Wir rundeten unsere Aktion mit einer gemeinsamen Übung ab, bei der die Kinder darüber nachdachten, wie viele Schritte vorwärts der Roboter auf mehreren zusammengesetzten Bühnenteilen benötigen würde. Sie fingen zunächst an, wild zu raten, aber nachdem sie einige Zeit diskutiert hatten, nutzten sie ihre Erfahrungen aus der vorherigen Arbeit und konnten realistischere und durchdachtere Antworten geben. Die Kinder hatten die Idee, den Roboter einen Bühnenteil nach dem anderen ablaufen zu lassen und dann alle Vorwärts-Befehle zusammenzusetzen, um auf diese Weise die benötigte Anzahl zu erhalten. Sie verfügten ja bereits über das Wissen über jeden einzelnen Bühnenteil,

Funktioniert der Code?

wollten sich aber sicher sein, dass es insgesamt stimmte. Ich durfte festhalten, wie viele Schritte für jeden Teil erforderlich waren, nachdem der Roboter ihn abgelaufen hatte. Gemeinsam rechneten wir das Ergebnis aus, und dann war es an der Zeit zu prüfen, ob es stimmte. Die Kinder betonten die Wichtigkeit des Zurücksetzens des Roboters, und nachdem wir dies getan hatten, ging es los mit der gemeinsamen Berechnung, während ein Kind gleichzeitig programmierte. Es waren insgesamt viele Vorwärts-Befehle, und es war wichtig, jeden programmierten Befehl mitzuzählen und nicht zu schnell oder zu langsam zu sein. Nachdem wir fertig waren, war es spannend, den Roboter in die Startposition zu stellen und auf „go" zu drücken. Die Kinder waren überglücklich, als es funktionierte. Sie hatten gemeinsam das Problem gelöst, und der Roboter hielt genau am Rand des letzten Bühnenteils.

Dadurch, dass es unterschiedliche Arbeitsbereiche und Bühnenteile gibt, bekommen die Kinder die Möglichkeit, verschiedene Algorithmen zur Lösung der Aufgabe zu erstellen. Wenn sie dann den Arbeitsbereich wechseln, können sie sich austauschen und auch die Lösungen der anderen ausprobieren. Um die Aufgabe ausführen zu können, muss das Problem in kleinere Probleme unterteilt werden. Wie lang ist ein Vorwärts-Befehl, und wie weit dreht sich der *Bee-Bot* bei einer Links- oder Rechtskurve? Dies sind einige der Fragen, die vor dem Start beantwortet werden müssen. Die Kinder bekommen Übung darin, Entfernungen zu schätzen und in Bezug dazu zu setzen, wie lang der Vorwärts-Befehl des Roboters ist.

Bee-Bot und Holzbausteine

Für *Bee-Bot* gibt es Plastikmatten mit einem Raster zu kaufen, aber eine andere und unterhaltsamere Variante besteht darin, seine eigenen Pfade zu erstellen. Wir verwendeten Holzbausteine von KAPLA, um Pfade zu bauen, und die Vielfalt dabei war groß. Die jüngeren Kinder entscheiden sich, ein Gehege für den Roboter zu bauen, und programmierten ihn so, dass er dem inneren Rand des Zauns folgte. Jetzt war es von Nachteil, dass nirgendwo klar angezeigt wurde, welche Befehle einprogrammiert waren. Die Kinder wollten gleichzeitig bauen und programmieren. Dafür musste eine Seite des Zaunes auf einmal programmiert werden sowie die Programmierung jedes Mal zurückgesetzt werden. So war es schwierig, sich an alle Befehle zu erinnern, als das Gehege fertig war. Sie probierten den Vorgang auf viele verschiedene Arten, bis ein Kind auf die Idee kam, den Roboter jedes Mal auf den Startpunkt zu stellen und das Zurücksetzen wegzulassen. Doch wenn jemand einen Fehler gemacht hatte, sodass der Roboter zu weit lief, mussten die Kinder entweder von vorne anfangen oder das Gehege umbauen. Mit den Holzbausteinen ist es einfach, den Pfad umzubauen, daher entschieden sich die Kinder für diese Variante, anstatt von vorne zu beginnen. Schließlich schafften sie es, eine Programmierung einzugeben, mit der es der *Bee-Bot* schaffte, sich entlang der gesamten Innenseite des Zaunes zu bewegen. Ein tolles Gefühl, dies geschafft zu haben!

Die älteren Kinder bauten engere Pfade mit vielen Kurven, die der Roboter entlanglaufen sollte. Es mussten viele Befehle einprogrammiert werden, damit der Roboter den gesamten Pfad schaffen würde. Die Lösung bestand darin, Papier und Stifte zu holen und alle erforderlichen Befehle aufzuschreiben.

Zusammenarbeit zur Bewältigung der Aufgabe

Die Kinder erarbeiteten methodisch, welche Befehle sie benötigen würden, indem sie den Roboter ein Stück auf einmal laufen ließen und die Reihenfolge währenddessen notierten. Es wurde eine sehr lange Liste, sodass alle mithelfen mussten, als es Zeit war, alle Befehle für den gesamten Pfad einzugeben. Ein Kind programmierte den Roboter und ein anderes setzte sich daneben und überprüfte, dass alles korrekt ablief. Ein weiteres Kind las die Befehle von der Liste ab, und auch bei ihm saß ein Freund daneben und überprüfte, dass alles richtig war. Ein weiteres Kind hatte die Aufgabe, daneben zu sitzen und in einer Liste zu verfolgen, welcher Befehl als nächstes angesagt werden musste. Die Spannung war groß, als es an der Zeit war zu starten und alle drückten die Daumen und jubelten in jeder Kurve, die der Roboter richtig lief. Es war knapp, aber es funktionierte, und alle Kinder waren ganz aufgeregt, als der Roboter ins Ziel kam und der Pfad aus Holzbausteinen noch ganz war.

Durch die Verwendung von Holzbausteinen zum Bauen von Pfaden ist es für die Kinder einfach, die Konstruktion an ihre eigenen Fähigkeiten anzupassen. Mit fertigen Matten mit einem Gittersystem gibt es nur eine Lösung, sodass die Kinder schnell das Gefühl bekommen, es nicht zu können. Auf diese Weise können die Kinder gewohnte Denkmuster aufbrechen und ihre eigenen Lösungen entwickeln. Sie können auch den Schwierigkeitsgrad selbst variieren und erfahren, dass sie erfolgreich sind.

Blue-Bot

Blue-Bot ist eine Weiterentwicklung von *Bee-Bot*, und mit *Blue-Bot* ist es möglich, die *Blue-Bot Remote*-App zur Fernsteuerung des Roboters zu verwenden oder die App auf dem Lerntablet mit dem physischen Roboter zu kombinieren. Endlich konnten die Kinder sehen, welche Befehle sie in den Roboter einprogrammiert hatten und diese entfernen oder hinzufügen, je nachdem, was notwendig war.

Es gibt eine Reihe von Rastern zur Auswahl, sowohl in der App als auch auf den Matten, die man kaufen kann, aber wir entschieden uns dafür, unser eigenes Raster zu erstellen. Wir nahmen ein großes Stück Pappe und stellten dann den physischen *Blue-Bot* in eine Ecke und ließen ihn einen Schritt nach vorne gehen. Die Kinder markierten, wie lang der Schritt war, dann durfte der Roboter noch einen Schritt gehen, es wurde markiert, ein weiterer Schritt usw. Langsam, aber sicher erschufen wir unser eigenes Raster. Schließlich hatten wir das ganze Stück Pappe markiert und konnten anfangen, mit dem Roboter zu arbeiten. Die Kinder gaben die Befehle ein, und der Roboter bewegte sich über die Pappe. Unser Pfad stimmte mit den Schritten des Roboters gut überein. Es funktionierte!

Um Aufgaben für den Roboter zu erstellen, schrieb jedes Kind seinen Namen in ein Feld, und dadurch erschufen sie ein Ziel für die Programmierung. „Programmiere den Roboter so, dass er zu Noah geht", oder: „Gehe jetzt weiter zu Alicia." Das war eine lustige Übung. Die Kinder wechselten sich mit dem Programmieren ab und entschieden abwechselnd, zu welchem Namen der Roboter gehen sollte. Jetzt wollten wir versuchen, den physischen Roboter mit der App zu verbinden. Über Bluetooth verbanden wir den physischen Roboter mit dem Lerntablet, und jetzt konnten wir ihn in der App programmieren. Den Kindern kam es fast wie Zauberei vor, dass der Roboter auf dem Fußboden das machte, was wir in der App programmiert hatten. Jeder durfte es ausprobieren, und es herrschte eine wunderbar ausgelassene Stimmung. Doch dann kamen die Kinder auf die Idee, dass sie unser eigenes Raster auf dem Boden auf dem Lerntablet sehen wollten. Dies lässt sich bewerkstelligen, indem zunächst das Raster mit den Namen über die App fotografiert wird. Danach wird der Ordner ganz unten in der Auswahl des Rasters ausgewählt.

Anschließend kann die Anzahl der Felder festgelegt werden, dann wird mit der Taste „done" bestätigt, und schon hat man in der App ein eigenes Raster. Nun konnten die Kinder den physischen Roboter mit dem Roboter in der App verbinden. Der Hintergrund war derselbe, und ein Schritt in der App entsprach einem Schritt auf dem Raster am Boden. Die Kinder wählten die Befehle in der App und berechneten die Schritte und Kurven. Dann musste der physische Roboter auf das gleiche Raster wie der Roboter in der App gesetzt und anschließend „go" gedrückt werden. Die ganze Aufmerksamkeit der Kinder konzentrierte sich auf den physischen Roboter, obwohl die Programmierung in der App erfolgte. Die Kinder bemerkten fast nicht, dass der Roboter in der App ebenfalls alle Befehle ausführte und den Namen des Kindes erreichte. Wenn der Roboter auf dem Fußboden an einer falschen Stelle landete, war auch der Roboter in der App falsch gelaufen. Da war es für die Kinder selbstverständlich, in der App nach dem Fehler zu suchen. Dort wurden alle Programmierbefehle auf der linken Seite angezeigt, und es war leicht, den Fehler zu finden, den Schritt zu wiederholen und zu korrigieren und noch einmal auf „go" zu drücken.

Durch das Erstellen eines eigenen Rasters sind die Variationen unbegrenzt. Gemeinsam ist es möglich, ein beliebiges Raster zu erstellen, sich verschiedene Aufgaben auszudenken und das Programmieren mit Buchstaben, Farben, Formen, Zahlen, Früchten und im Grunde mit allem Möglichen zu kombinieren. Das Erstellen eines eigenen Rasters verleiht dem Ganzen auch eine zusätzliche mathematische Dimension, da die Kinder darüber nachdenken müssen, wie lang ein Vorwärts-Befehl ist, und dies notieren müssen, damit die Programmierung funktioniert. Der physische Roboter und der Roboter auf dem Lerntablet müssen im Raster an der gleichen Stelle rauskommen, damit dies klar wird.

Das gleiche Ergebnis für den Roboter, sowohl auf dem Lerntablet als auch auf dem Fußboden

Blue-Bot auf dem Lerntablet

Beim nächsten Mal verwendeten wir nur *Blue-Bot* auf dem Lerntablet und keinen physischen Roboter. Die Kinder arbeiteten zu zweit und durften sich selbst aussuchen, woran sie arbeiten wollten. Als sie die App starteten, wählten sie zunächst aus, welches Raster sich für den Pfad des Roboters im Hintergrund befinden sollte. Dann standen zwei Optionen zur Auswahl, entweder die Aufgaben zu lösen oder eigene Aufgaben zu erstellen. Es gibt mehrere verschiedene Schwierigkeitsstufen und Varianten, und die Kinder probierten hin und her. Sie konnten auch das Raster mit den Namen der Kinder verwenden, das wir selbst erstellt hatten. Da uns kein physischer Roboter zur Verfügung stand, dessen Schritte in das Raster passen würden, kamen die Kinder auf die Idee, dass sie unsere Matte mit dem Alphabet fotografieren und an das Raster anpassen könnten. Sie freuten sich darüber, ein weiteres eigenes Raster erstellt zu haben. Auch ein fertiges Raster mit kleinen Buchstaben stünde zur Verfügung, aber das Raster selbst zu erstellen bereitete den Kindern mehr Freude. Jetzt begann die Jagd auf die Buchstaben. Die Kinder forderten einander auf, zu verschiedenen Buchstaben zu gehen, und es entstand eine fieberhafte Aktivität. Die Idee verbreitete sich, und bald fanden sich auf allen Lerntablets selbsterstellte Buchstabenraster. Einige Kinder arbeiteten weiter mit der App, als sie mit der Buchstabenjagd fertig waren und noch mehr entdecken wollten. Sie fanden eine Herausforderung, die sie richtig spannend fanden, und nun mussten sie ganz anders denken. Sie bekamen die Startposition des Roboters und die verwendeten Befehle vorgegeben und mussten nun die Zielflagge an der richtigen Stelle platzieren. Es war knifflig, aber herausfordernd, und die Kinder überlegten und zählten die Schritte, und schließlich wurden sie sich einig, wo die Zielflagge zu platzieren war, und drückten auf „go". Es war spannend zu sehen, ob sie richtig gedacht hatten, doch wenn es nicht funktionierte, konnten sie es erneut versuchen. Am schwierigsten war es, als die Kinder den Befehl mit einer 45-Grad-Wendung im Explorer-Modus eingaben. Plötzlich war der Roboter in der Lage, auf den Linien im Raster zu fahren und landete außerdem mitten auf einem Kreuz im Gitternetz, und es war schwierig, ihn dazu zu bringen, wieder in die Mitte des Feldes zu kommen. Die Kinder verwarfen diese Option schnell und kehrten zu den Grundbefehlen zurück, bei denen sie das Gefühl hatten, die Bewegungen des Roboters im Griff zu haben.

Da es verschiedene Schwierigkeitsgrade gibt sowie die Möglichkeit, unterschiedliche Herausforderungen zu erkunden und zu meistern, können die Kinder die App nach dem Stand ihrer eigenen Fähigkeiten benutzen. Es ist auch möglich den nächsten Schritt zu gehen und sich selbst herauszufordern. Es ist gut, dass die Kinder selbst wählen können, womit sie arbeiten wollen, und dass sie zwischen den verschiedenen Varianten und Schwierigkeitsgraden hin und her wechseln können. Dies gibt ihnen die Möglichkeit, ihr Lernen selbst zu steuern und weiter herauszufordern oder in vertrauten Bereichen zu bleiben, abhängig davon, womit sie sich im Moment beschäftigen möchten.

Buchstabenjagd mit dem Blue-Bot-Roboter

Die Beschäftigung der Kinder mit den Buchstaben in der App brachte mich auf eine Idee. Jetzt gingen wir mit dem Roboter auf Buchstabenjagd. Wir hatten festgestellt, wie lange „Schritte" der physische *Blue-Bot* machte, sodass es nun am einfachsten war, zuerst das Raster zu erstellen. Quadrate mit den Maßen 15 x 15 cm passten perfekt, da jeder Schritt des Roboters 15 cm maß. Die Frage lautete dann, wie viele Felder wir brauchen würden, damit jeder Buchstabe ein Feld bekäme, und wie viele Buchstaben das Alphabet hatte. Die Kinder bemerkten, dass sie die Buchstaben an der Wand zählen konnten, und kamen zu dem Ergebnis, dass es 29 Buchstaben inklusive der Umlaute gebe. Somit kamen sie zu dem Schluss, dass 29 Felder benötigt würden. Die Kinder schrieben die Buchstaben nacheinander auf kariertes DIN-A4-Papier. Das war eine knifflige Aufgabe, aber sie schafften es. Bald stellten die Kinder fest, dass ein Feld übrig blieb, wenn wir ein Raster haben wollten, wie auch immer wir es anstellten. Also beschlossen sie, dass dieses Feld das Startfeld sein sollte. Sie probierten unterschiedliche Möglichkeiten aus, um die Buchstaben zu verteilen, einigten sich jedoch schließlich darauf, dass fünf Buchstabenfelder waagerecht und sechs Buchstabenfelder senkrecht ein geeignetes Raster bildeten. Mit einem Lineal markierten die Kinder 15 cm entlang des Randes, bis sie die richtige Anzahl hatten: fünf Felder am oberen Rand des Blattes und sechs Felder senkrecht. Es war knifflig, gerade Linien zu zeichnen, und es gab viele Markierungen, bevor das Raster fertig und die Kinder zufrieden waren. Als die Buchstaben eingetragen wurden, wurde heftig darüber diskutiert, ob dies in der richtigen Reihenfolge nach dem Alphabet geschehen sollte oder ob sie gemischt werden sollten. Schließlich beschlossen die Kinder, die Buchstaben zu mischen, und nahmen das Raster mit in den Raum, in dem wir die Buchstaben an der Wand stehen hatten. Dann schrieben sie abwechselnd jeweils einen Buchstaben auf und platzierten ihn irgendwo im Raster, außer im Startfeld, das bereits markiert und bereit war. Als das Raster fertig und mit der *Blue-Bot*-App fotografiert worden war, konnte die Buchstabenjagd beginnen.

Die erste Aufgabe bestand darin, seinen eigenen Anfangsbuchstaben zu finden und den Roboter so zu programmieren, dass er dorthin fuhr. Diese Aufgabe war einfach zu bewältigen. Die nächste Aufgabe bestand darin, seinen vollständigen Namen zu finden. Einfach für Anna, aber deutlich schwieriger für Alexander. Als die anderen Kinder halfen und auf das Raster auf dem Fußboden zeigten und jeweils einen Befehl auf einmal gaben, funktionierte es auch mit den langen Namen gut. Manchmal gerieten einige Buchstaben in die falsche Reihenfolge oder ein Buchstabe war komplett falsch, aber die Fehlersuche und Behebung des Problems sind Teil des Programmierens.

Die Kinder kamen auf viele verschiedene Ideen, wie sie das Buchstabenraster verwenden konnten. Eine Variante bestand darin, zu erraten, welches Wort der Roboter anzeigte. Dazu erstellten ein paar Kinder den Code, und anschließend durften die anderen auf „go“ drücken, um zu sehen, welches Wort der Roboter auf seinem Weg über das Raster erzeugen würde. Dadurch fanden sie auch einen Anwendungsbereich für das Kommando „Pause“, das sowohl im *Blue-Bot* als auch im *Bee-Bot* existiert. Wir hatten bereits zu einem früheren Zeitpunkt darüber gesprochen, warum dieser Befehl existierte, und weder ich noch die Kinder konnten herausfinden, welche Funktion er haben könnte. Doch jetzt brauchten wir ihn tatsächlich, denn es sollten nur die Buchstaben verwendet werden, an denen der Roboter eine Pause einlegte. Die anderen Buchstaben, an denen er einfach vorbeiging, sollten nicht in dem Wort vorkommen. Um dies richtig deutlich zu machen, waren zwei Pause-Befehle erforderlich. Die Kinder dachten sich eine Variante aus, die sie „Schreib das Wort“ nannten. Sie bestand darin, dass ein Kind festlegte, welches Wort geschrieben werden sollte. Anschließend musste der Roboter so programmiert werden, dass er bei den richtigen Buchstaben eine Pause einlegte, um dieses Wort zu bilden.

Bei der Arbeit mit dem Buchstabenraster üben die Kinder sowohl die Buchstaben als auch Mathematik. Kreativität und die Fähigkeit zur Lösung von Problemen sind dabei wichtige Bestandteile.

Digitales Lernen bedeutet nicht, dass die Kinder die ganze Zeit vor dem Bildschirm sitzen. Das Arbeiten rund um das Thema ist ein genauso wichtiger Teil, und das digitale Tool stimuliert neue Entdeckungen und ein unterhaltsames und abwechslungsreiches Lernen.

Ollie

Als wir den Roboter *Ollie* verwendeten, konnte er nur mit dem Touchscreen gesteuert werden. Daher war es gut, dass wir bereits mit dem Programmieren gearbeitet hatten, bevor er den Kindern vorgestellt wurde. Ohne die Vorkenntnisse wäre der Roboter leicht nur ein mechanisches Spielzeug geblieben. *Ollie* ist robust, daher eignete er sich gut, um auch draußen mit ihm zu arbeiten. Wir entschieden uns, zu einem abgegrenzten Teil des Hofes zu gehen, wo die Kinder sich so hinstellten, dass sich in der Mitte eine leere Asphaltfläche befand. Nachdem wir *Ollie* mit der App auf dem Lerntablet verbunden hatten, bekam das Kind, das anfangen sollte, die Startanweisungen.

Der Roboter muss so eingestellt werden, dass der Touchscreen wie ein Joystick funktioniert, mit dem *Ollie* gesteuert wird. Er muss mithilfe eines Touchpads gedreht werden, sodass die blaue Lampe der Person zugewandt ist, die ihn lenkt, und dann kann er loslegen. Die Aufgabe, die die Kinder gestellt bekamen, bestand darin, den Roboter zu einem Freund zu fahren und dann wieder zurückzukommen. Als die Aufgabe abgeschlossen war, wurden Plätze getauscht, aber zuerst erklärte dasjenige Kind, das den Roboter gelenkt hatte, wie er eingestellt werden musste, damit er funktionierte.

Es war toll zu hören, wie die Kinder sich gegenseitig mit Tipps und Ratschlägen halfen. Alle bewältigten die Aufgabe, aber es gab unterschiedliche Meinungen dazu, ob es leicht oder schwierig gewesen sei. Da wir bereits viel programmiert und darüber gesprochen hatten, was „programmiert" bedeutet, war den Kindern bewusst, dass jemand *Ollie* programmiert hatte, sodass er funktionierte. Als sie ihn nicht zum Laufen bekamen, hörte ich, wie sie murmelten: „Wie haben sie denn hier programmiert?" Oder: „Wie ist der eigentlich programmiert?". Es war nicht unbedingt so, dass diejenigen Kinder, die die Grundlagen des Programmierens leicht verstanden hatten, die gleichen waren, die es einfach fanden, *Ollie* zu steuern. Hier waren nämlich andere Kenntnisse erforderlich.

Als alle Kinder den Roboter ausprobiert hatten und die besonders interessierten Kinder den ebenfalls vorhandenen Teil mit Tricks erprobt hatten, hatte ich den Eindruck, dass wir so weit waren, und wollte den Roboter aufheben. Da sagte ein kleiner Junge aus der Nachbargruppe, der gerade vier Jahre alt geworden war: „Aber du bist noch nicht zu allen gefahren." Er hatte sich zu den großen Kindern gestellt und sah mich mit erwartungsvollen Augen an. Es blieb mir nichts anderes übrig, als ihm zuzustimmen und den Roboter zu ihm zu lenken, sodass auch er an die Reihe kam. Er bekam die gleichen Anweisungen wie seine älteren Freunde, und dann steuerte er den Roboter einfach nach meinen Anweisungen. „Kannst du im Kreis fahren und dann zurückkommen?" Oder: „Kannst du bis zum Zaunpfosten fahren?". Währenddessen kam noch ein Kind dazu, das knapp drei Jahre alt war, und stellte sich an den Zaun. „Ich kann zu ihm fahren, sodass er auch an die Reihe kommt", meinte der Vierjährige und bot auch an zu zeigen, wie es funktionierte. Eine wunderbare spontane Lernmöglichkeit!

Die Freude am Können

Nachdem wir fertig waren und eingepackt hatten, erzählte ich den Erziehern des Vierjährigen, was geschehen war. Ich berichtete, wie gut der kleine Junge zurechtgekommen war, welche Geduld er hatte und wie gut er es seinem Freund erklärt hatte. Sie waren froh, dass er eine Aktivität gefunden hatte, die ihn interessierte, da es den Erziehern zuvor schwergefallen war, sein Interesse an irgendeiner Tätigkeit zu wecken. Diesmal war stattdessen er derjenige, der von sich aus initiierte, an einer Aktivität teilzunehmen.

Durch die Arbeit mit dem Programmieren auf vielfältige Weise und mit verschiedenen Materialien bekommen alle Kinder die Möglichkeit ihre Kenntnisse einzubringen und in die Materie einzutauchen. Kinder sind verschieden und lernen auf unterschiedliche Art und Weise, und es ist wichtig, diesen Aspekt zu berücksichtigen, damit jeder die Chance bekommt, neue Erfahrungen zu machen und neue Kenntnisse zu erlangen.

Roboter für die Jüngsten im Kindergarten

Die jüngsten Kinder im Kindergarten finden es vielleicht sehr spannend dabei zuzuschauen, wenn verschiedene Roboter programmiert werden und sich über den Fußboden bewegen. Sie können sich beteiligen und auf die Knöpfe drücken. Wenn sie sich gegenübersitzen, können sie den Roboter zwischen sich hin- und herbewegen lassen, indem sie einfach nur den Vorwärts-Befehl verwenden. Ein Roboter wie *Ollie*, der sich über den Touchscreen intuitiver steuern lässt, ist möglicherweise ebenfalls spannend. Diese Roboter sind robust und es macht ihnen nichts aus, wenn die Kinder sie mit etwas zusammenstoßen lassen. Dadurch, dass sie dabei sein dürfen, wenn die älteren Kinder arbeiten, wird die Neugier der jüngeren Kinder geweckt, es selbst ausprobieren zu wollen. Es ist wichtig, auch den jüngsten Kindern die Möglichkeit zu geben, sich im Rahmen ihrer Fähigkeiten ausprobieren zu können, wenn sie Interesse daran zeigen.

Unsere jüngsten Kinder befanden sich in der Nähe, als die älteren Kinder mit *Bee-Bot* arbeiteten. Sie fanden es spannend, die gelbe Biene zu beobachten, wie sie sich über den Boden bewegte, und hatten begriffen, dass es etwas mit den Tastendrücken auf der Oberseite zu tun hatte. Die jüngeren Kinder waren zu diesem Zeitpunkt begeistert davon, aus Bauklötzen Türme zu bauen und diese dann natürlich auch einstürzen zu lassen. Ich beschloss, das Programmieren mit ihren Interessen zu kombinieren und ihnen die Möglichkeit zu geben, die Türme mithilfe der Roboter einstürzen zu lassen. Wir halfen ihnen dabei, einen Turm aus vier Bauklötzen zu bauen, und dann richteten wir den Roboter so aus, dass er auf den Bauklotzturm blickte. Ich zeigte den Kindern, welche Taste sie benutzen mussten, und dann durfte ein Kind auf die „go"-Taste drücken. Da es nur einen einzigen Vorwärts-Befehl gab, passierte nicht viel, und der *Bee-Bot* schob den Turm nur ein Stück vor sich her. Wir probierten es erneut mit der gleichen Distanz und zwei Vorwärts-Befehlen, und da begann sich etwas zu tun. Die Kinder fanden es aufregend, die „go"-Taste zu drücken und zu sehen, ob der Turm einstürzte oder ob er stehen blieb. Sie bauten den Turm wieder auf, wenn er eingestürzt war, und wir halfen ihnen, damit die Kinder die richtige Anzahl an Tastendrücken verwendeten, bevor sie erneut „go" drücken konnten. Als der ganze Turm einstürzte, lachten die Kinder und sagten jedes Mal: „Noch einmal." Ein spannendes Spiel, das wir mehrere Male wiederholten.

Indem die jüngsten Kinder ein beliebtes Spiel wie das Einstürzen der Türme mit dem *Bee-Bot* verknüpfen können, erhalten sie die Möglichkeit, die Bewegungen des Roboters auf ihrer Entwicklungsstufe zu untersuchen und zu entdecken. Es ist ein unterhaltsames und herausforderndes Spiel, und sie können die Arbeit mit dem Roboter auf eine Weise erleben, die für sie bedeutungsvoll ist. Die Bewegungsenergie des Roboters lässt den Turm einstürzen, daher streift die Aktivität auch die Gesetze der Physik.

3

Vertiefte Arbeit mit digitaler Kompetenz

Was ist programmiert?

Wir haben festgestellt, wie wichtig es ist, die richtige Sprache zu verwenden und über Daten, Algorithmen, Sequenzen, Befehle, Loops und Codes zu sprechen. Darüber hinaus konnten wir erkennen, wie bedeutsam es ist, zu verstehen, wie ein Computer arbeitet, dass er bei der Bearbeitung von Daten die Bedingungen „wenn, dann, ansonsten" verwendet, und dass es wichtig ist, unnötige Daten auszusortieren, damit Befehle so eindeutig sind, dass sie nicht interpretiert werden müssen. Dies sind die Grundlagen für das Programmieren. Aber was genau ist eigentlich programmiert? Was gibt es um uns herum, das programmiert ist? Was ist eine Maschine? Was ist ein Roboter? Was ist der Unterschied zwischen analog und digital? Dies sind spannende Fragestellungen, um mit den Kindern darüber zu sprechen und um ein Verständnis dafür zu entwickeln, in was für einer Gesellschaft wir leben.

Was ist eigentlich der Unterschied zwischen einer Maschine und einem Roboter? Einfach ausgedrückt ist eine Maschine ein mechanisches Gerät, das eine mechanische Arbeit ausführt. Ein Roboter ist ein technisches Gerät, eine Maschine, die durch eine Programmierung gesteuert wird und häufig physische Aufgaben ausführt. Die Entwicklung hat dazu geführt, dass Aufgaben, die zuvor von Maschinen ausgeführt wurden, jetzt von Robotern ausgeführt werden. Denken Sie an die Scheibenwischer eines Autos. Früher hatten alle Autos Scheibenwischer, die mechanisch waren. Wenn es zu regnen anfing, war es der Autofahrer, der die Scheibenwischer startete, und sie wischten weiter über das Autofenster, egal ob es regnete oder nicht, bis der Fahrer beschloss, sie wieder auszuschalten. Heute haben viele Autos automatische Scheibenwischer. Sie setzen sich in Bewegung, wenn es anfängt zu regnen, und halten wieder an, wenn es aufhört. Wenn es nur ein bisschen regnet, wischen sie nicht so häufig über die Scheibe, und bei einem Platzregen arbeiten sie die ganze Zeit über mit einer schnellen Frequenz. Sie sind programmiert und verfügen über einen Sensor, der bemerkt, dass – und in welcher Menge – sich Wasser auf der Scheibe befindet und die Scheibenwischer in entsprechendem Intervall startet. Dies ist eine der vielen Roboterlösungen für das Auto.

Wenn wir einmal anfangen, über den Unterschied zwischen Maschinen und Robotern nachzudenken und ihn verstehen, stellen wir fest, dass es unglaublich viele Dinge gibt, die programmiert sind und die uns im Alltag gar nicht auffallen. Dies ist ein Ausdruck der Digitalisierung, die unsere gesamte Gesellschaft durchdringt. Doch was bedeutet eigentlich digital? Digital ist dasselbe wie Informationen in Form von Einsen und Nullen. Analog, was wir häufig als Gegenteil von digital ansehen, ist ein direktes oder reales Abbild. Die Digitalisierung der Gesellschaft betrifft alle Menschen, und es ist wichtig, den Kindern ein Verständnis dafür zu vermitteln, worum es hierbei geht und wie sie alle Möglichkeiten der digitalisierten Gesellschaft, in der sie leben und arbeiten werden, nutzen können.

Programmierte Dinge im Alltag

Nachdem wir eine Zeit lang selber programmiert hatten, sprachen wir darüber, was um uns herum alles programmiert ist. Wir fingen mit den offensichtlichen Dingen wie Computer, Lerntablets und Smartphones an. Die Roboter, mit denen wir gearbeitet hatten, waren ebenfalls naheliegend. Das Gespräch bewegte sich weiter dahin, was Programmieren ist, und wir stellten fest, dass ein Mensch programmiert, was der Roboter tun soll. Die Kinder hatten sich bereits ein Bewusstsein und Wissen über das Thema angeeignet und brachten viele Vorschläge für weitere Dinge des Alltags, die programmiert sind. Programmierte Dinge sind für sie genauso selbstverständlich wie die digitalen Werkzeuge.

„Meine Mutter hat ein Auto, das erkennt, ob sie zu nah am Bordstein fährt, und es hält von selbst an, wenn jemand den Zebrastreifen überquert. Es enthält Sensoren."

„Das Auto von meinem Papa öffnet die Heckklappe, wenn man sich ihr nähert. Es ist dazu programmiert worden."

„Wenn man die 112 anruft, wissen die Krankenwagen und Feuerwehrautos, wohin sie fahren müssen, weil die Computer herausfinden können, von wo aus die Leute anrufen."

Während des Gesprächs wurden allerlei Fahrzeuge angeführt, wie Lastwagen, Kranwagen, Züge und sogar selbstfahrende Autos.

„Es gibt nämlich wirklich Autos, die von selbst fahren. Man sagt ihnen einfach, wohin man fahren will, und dann fahren sie dorthin. Sie haben wahrscheinlich kein Lenkrad, weil man das dann nicht braucht."

Als wir mit den Fahrzeugen durch waren, fielen den Kindern noch andere Gegenstände ein, Dinge wie Lampen, Rasenmähroboter und Staubsaugerroboter, die viele zu Hause hatten.

„Zahnärzte haben sicherlich viele Sachen, die programmiert sind, und die Alarmanlage muss programmiert sein. Sie heult, wenn jemand ins Haus einbricht."

„Die Lampe draußen auf dem Hügel im Hof geht von selbst an, wenn es dunkel wird. Sie muss dafür programmiert worden sein."

„Ich weiß, es gibt sogar Wasserhähne, die programmiert sind. Man braucht sie nicht anzustellen. Man hält einfach die Hände darunter, und das Wasser beginnt zu fließen."

„Ja, genau, und so ein Trockner, der heiße Luft rausbläst. Der fängt auch von selbst an, wenn man die Hände daran hält."

„Karin, ich hab's, es gibt doch so Türen, die sich von selbst öffnen, wenn man näher kommt. Sie haben wahrscheinlich Sensoren, die so programmiert sind, dass sie erkennen, wenn jemand kommt, und sich schließen, wenn man durchgegangen ist."

Sensoren sind ein Konzept, mit dem die Kinder vertraut sind und das sie verstehen. Während des Jahres haben wir im Kindergarten mit verschiedenen Berufen gearbeitet und Menschen mit verschiedenen Berufen sowohl selbst besucht, als auch Besuch von ihnen erhalten. Wir haben u. a. ein Unternehmen kennengelernt, das mit Lasern arbeitet und dessen Mitarbeiter uns etwas über verschiedene Sensoren, die in den Robotern der Branche vorkommen, erzählt haben. Das Gespräch regte die Kinder zum Nachdenken an, und im Laufe des übrigen Tages ermittelten sie immer mehr Dinge, die programmiert sind.

Durch das Sprechen über die Digitalisierung in der Gesellschaft wird das Bewusstsein der Kinder dafür gesteigert. Für die Kinder sind die Geräte selbstverständlich, aber ein Bewusstsein dafür, dass hinter den Geräten Menschen stecken, ist wichtig. Es geht darum, die Kinder darauf vorzubereiten, dass alles möglich ist. Die Welt ist noch nicht fertig. Sie entwickelt sich ständig, und jedes Kind kann Teil dieser Entwicklung sein. Auf diese Weise gestalten sie die Zukunft mit.

Kritisches Hinterfragen und verantwortungsvoller Umgang

Es reicht nicht aus, nur anwenden zu können. Wir müssen auch über den sicheren Einsatz von Technologie sprechen. Wenn man dies tut, wird sie einfacher zu verstehen, und so ist es auch einfacher, ein kritischer, bewusster und verantwortungsvoller Benutzer zu sein. Die Kinder kommen immer früher mit dem Internet in Berührung, und deshalb sind frühe Gespräche über das Internet wichtig. Was ist wahr und was ist falsch? Ist alles, was es im Internet gibt, wahr? Wer entscheidet welche Informationen ich erhalte? Wer wählt aus, was über mich veröffentlicht wird? Was bedeutet dies für mich, mein Umfeld und für die Gesellschaft? Wir müssen auch dafür sorgen, dass den Kindern bewusst ist, dass alles, was wir im Internet tun, digitale Spuren hinterlässt.

In diesem Zusammenhang ist es auch wichtig zu überlegen, was ein Bot ist und wie er sich darauf auswirkt, welche Informationen wir erhalten. Ein Bot ist ein Computerprogramm, das entwickelt wurde, um bestimmte Operationen automatisch auszuführen. Er ist entweder vorprogrammiert, um bestimmte einfache Aufgaben nach einem bestimmten Muster auszuführen, oder er ist programmiert, um auf Veränderungen in der Umgebung zu reagieren. Wenn wir im Internet mit einer Suchmaschine etwas suchen, dann sucht ein Bot für uns nach Informationen. Ein Bot bemerkt, zu welchen Themen man nach Informationen sucht und passt die angezeigte Werbung den Interessen des Suchenden an. Auf diese Weise werden die Informationen gefiltert, sodass die Informationen, die wir erhalten, zu uns passen. Ein Bewusstsein dafür macht es leichter, die im Internet gefundenen Informationen selbst zu filtern.

Auch Fotos landen häufig im Internet, und wir können dazu beitragen, bei Kindern für die Zukunft die Grundlage für ein gutes Verhalten in den sozialen Medien und ähnlichem zu schaffen. Wir müssen Kinder darin bestärken, dass sie das Recht haben zu sagen: „Nein, ich möchte nicht fotografiert werden." Wir als Erwachsene müssen gute Vorbilder sein, wenn es um Privatsphäre, Fotografieren und das Internet geht. Fragen Sie die Kinder, ob es sich für sie gut anfühlt, fotografiert zu werden, und lassen sie die fotografierten Kinder entscheiden, ob wir es im Blog des Kindergartens oder zu ähnlichen Zwecken, bei denen Fotos von den Kindern gezeigt werden, verwenden dürfen. Das meiste, was wir in meinem Kindergarten dokumentieren, sind Aktivitäten, bei denen es normalerweise nicht möglich ist zu sehen, welche Kinder beteiligt sind. Meistens werden nur arbeitende Hände gezeigt. Wenn wir respektvoll fotografieren und die Kinder um Erlaubnis bitten, dann lernen sie, dasselbe zu tun, wenn sie selbst dokumentieren. Wenn wir den Eltern bei einem Elternsprechtag eine Diaschau zeigen wollen, lassen wir sie zuerst immer von den Kindern anschauen. Auf diese Weise schaffen wir die Grundlage für ein gutes Verhalten in diesen Kontexten.

Es gibt viele Fragen, über die wir nachdenken und sprechen müssen. Wir müssen nicht alle Antworten wissen, aber wir müssen uns gegenseitig dabei unterstützen, über sie nachzudenken. Mit einem gesteigerten Bewusstsein geben wir den Kindern die Möglichkeit, aktive und verantwortungsbewusste Mitbürger der digitalen Gesellschaft zu werden. Bei unserer Arbeit mit digitalen Werkzeugen müssen wir die Privatsphäre der Kinder beachten. Seit Mai 2018 gilt die DSGVO, die Datenschutz-Grundverordnung. Die Bundesbehörde für den Datenschutz empfiehlt generell, dass wir uns von den Erziehungsberechtigten eine Zustimmung in Bezug auf das Fotografieren und Filmen einholen. Denken Sie jedoch ebenfalls daran, jedes Kind zu fragen, ob es fotografiert oder gefilmt werden möchte.

Was ist wahr, was ist falsch?

Um die Kinder darüber nachdenken zu lassen, was wahr und was falsch ist, holte ich eine große Kiste hervor. Dann versammelte ich die Kinder und fragte sie, ob alle Kinder gleichzeitig in die Kiste passen würden. Alle waren davon überzeugt, dass dies nicht möglich wäre und dass vielleicht drei oder vier Kinder hineinpassen würden, wenn sie sich quetschten. Aber alle 18 auf einmal, nein, das wäre nicht möglich, da waren sich alle einig. „Aber sollen wir so tun, dass es so aussieht, als ob alle hineinpassen würden?", fragte ich. Die Kinder fanden die Idee interessant, also begannen wir. Wir stellten ein Lerntablet auf ein Stativ und filmten die Kinder nacheinander, wie sie in die Kiste stiegen. Wir hielten die Aufnahme an, als sie wieder hinauskletterten, und starteten die Aufnahme erneut, als das nächste Kind hineinkletterte. So machten wir weiter, bis alle Kinder in die Kiste geklettert waren. Selbstverständlich waren sie dazwischen auch wieder hinausgeklettert. Anschließend war es spannend, das Lerntablet an den Projektor anzuschließen und den Film anzusehen. Es sah so aus, als ob alle Kinder in die Kiste passen würden, obwohl wir wussten, dass dies nicht möglich war. Es entstanden aufregende Diskussionen darüber, wie Filme täuschen können und dass es wichtig ist, darüber nachzudenken, ob das, was im Film gezeigt wird, möglich ist oder ob es sich um einen Trick handelt. Kann man auf einem Flugzeug stehen, dass in der Luft fliegt? Kann Pippi Langstrumpf wirklich ein Pferd hochheben? Oder ist das nicht echt? Was ist wahr und was ist falsch?

Wir wendeten auch Greenscreen an, um darüber nachzudenken, wie einfach es ist, sich mithilfe der Technologie täuschen zu lassen. Greenscreen ist eine Filmtechnik, bei der zwei Filmclips oder Fotos übereinandergelegt werden. Es wird vor einem grünen Hintergrund gefilmt bzw. fotografiert, der dann herausgefiltert werden kann. Der grüne Teil kann dann durch ein anderes Foto oder Video ersetzt werden.

Die Arbeit war Teil eines Projekts, bei dem wir eine interaktive Geburtstagswand erschufen. Die Kinder erstellten im Studio vier verschiedene Collagen. Jede Collage repräsentierte eine Jahreszeit. Die nächste Aufgabe bestand darin, sich selbst in die Collage einzusetzen und für die Jahreszeit typische Aktivitäten zu verrichten. Im Sommer kauften die Kinder Eis am Kiosk, badeten, spielten Ball und fuhren Kanu. Im Herbst pflückten die Kinder Äpfel, verkleideten sich zu Halloween und sprangen in Pfützen. Im Winter warfen die Kinder Schneebälle, schauten sich Feuerwerke an und fuhren Schlitten, und im Frühjahr suchten sie Ostereier, sprangen Trampolin und machten Picknicks. Durch das Filmen der verschiedenen Aktivitäten vor einem grünen Hintergrund konnten sich die Kinder in ihrer eigenen Collage befinden. Wir verwendeten die App *Green Screen* von *Do ink* und bearbeiteten den Film gemeinsam in *iMovie*. Daraus ergaben sich viele Diskussionen und viel Stoff zum Nachdenken. Die Kommentare der Kinder lauteten u. a.: „Im Film sieht es so aus, als wären wir wirklich in der Zeichnung, aber in Wirklichkeit waren wir dort überhaupt nicht." Oder: „Man kann so filmen, dass es auch so aussieht, als würde man auf dem Mond laufen, und alle denken, das wäre wahr." Auf Grundlage der Kommentare konnten wir die Diskussion darüber fortsetzen, wie wichtig es ist, über die Wahrscheinlichkeit nachzudenken, ob das, was im Film gezeigt wird, wahr ist. Kann man in seiner eigenen Zeichnung sein? Die Kinder haben Parallelen zu verschiedenen Filmen, die sie gesehen hatten, gezogen, und es war klar, dass sie weiter über das Thema nachdachten.

Indem die Kinder an der Erstellung von „Fake-Fakten" beteiligt sind, fällt es ihnen leichter, darüber nachzudenken, dass man sich auch bei Dingen, die wahr aussehen, nicht sicher sein kann, ob sie wahr sind. Es kann ein erster Schritt zur kritischen Überprüfung von Informationen sein, darüber nachzudenken, ob es überhaupt möglich ist, dass etwas wahr ist. Mit eigenen Erfahrungen und Kenntnissen ist es einfacher, etwas kritisch zu hinterfragen, und dies bietet den Kindern eine bessere Möglichkeit, ihre Umwelt zu verstehen.

QR-Codes

Eine andere Art von Code, mit denen es spannend ist zu arbeiten, sind QR-Codes, die überall in der Gesellschaft um uns herum an mehr und mehr Orten zu finden sind. QR ist die Abkürzung für Quick Response, was „schnelle Antwort" bedeutet, und sie sind eine komplexere Form des Barcodes. Der QR-Code ist ein zweidimensionaler Strichcode in Form eines Quadrats, der aus schwarzen Modulen im Quadratmuster vor einem weißen Hintergrund besteht. Nun kann die Farbe sowohl der Module als auch des Hintergrundes verändert werden, doch das schwarz-weiße Muster ist unabhängig von den Lichtverhältnissen am einfachsten zu lesen. Zum Lesen eines Codes wird ein QR-Scanner verwendet, der den Code mithilfe einer Kamera scannt. Es gibt eine Vielzahl von Apps zum Herunterladen sowohl für Smartphones als auch für Lerntablets. Mit ihnen können die einprogrammierten Informationen schnell ausgelesen und abgerufen werden. Der QR-Code macht seinem Namen wirklich alle Ehre. Die Informationen, die sich hinter einem QR-Code verbergen, können eine Webseite, ein Videoclip, ein Foto, ein Text, eine Wegbeschreibung, eine Audioaufnahme oder eine E-Mail-Adresse sein.

Zunächst wurden QR-Codes vor allem zu Werbezwecken verwendet. Durch das Hinzufügen eines QR-Codes in einer Zeitungsanzeige, auf einem Flyer oder an einem Kleidungsstück wurden neue Möglichkeiten geschaffen, die physische Welt mit der digitalen zu verbinden. Das Erstellen eigener Codes eröffnet großartige Möglichkeiten für die Arbeit mit QR-Codes im Kindergarten. Ein QR-Code mit einer versteckten Botschaft regt die Fantasie an und bietet daneben auch den jüngsten Kindern die Möglichkeit, selbstständig Zugang zu der Botschaft zu erhalten.

Es gibt eine Unmenge verschiedener Apps zum Erstellen oder Scannen von QR-Codes, aber meine Lieblings-App ist *Cloud QR*. Um alle Funktionen nutzen zu können, ist ein Konto erforderlich. Sobald dieses eingerichtet ist, können QR-Codes mit sprechenden Bildern, mit Audioaufnahmen, einzelnen Fotos oder Diashows, mit Videos oder selbst aufgenommenen Filmen, mit Dokumenten oder Ausschnitten erstellt werden. Alles wird in einer Datenbank gespeichert, was ein Muss ist, um einen QR-Code zu erstellen. Wenn Codes im Verlauf gelöscht werden, wird das Material ebenfalls gelöscht, sodass der QR-Code nicht mehr funktioniert.

Auch in Bezug auf QR-Codes muss die DSGVO berücksichtigt werden. Wenn ein QR-Code erstellt wird, muss das Material im Internet veröffentlicht und öffentlich sein.

Die Verwendung von QR-Codes im Kindergarten

QR-Codes können für viele Zwecke eingesetzt werden. Die Anweisungen für verschiedene Aufgaben können als Audioaufzeichnung erstellt werden, die sich die Kinder selbst anhören können. Dies bietet auch die Möglichkeit, sie sich mehrmals anzuhören, wenn sich das Kind nicht sicher ist, worum es bei der Aufgabe geht. Lassen Sie die Kinder sich gegenseitig Spielvorschläge machen, um Inspirationen für neue Spiele zu bekommen. Eine andere lustige Anwendung besteht darin, Aufnahmen zu machen, während alle singen, und die QR-Codes an die Wand zu hängen, sodass die Kinder die Lieder üben können, wenn sie Lust dazu haben. Wenn die Kinder eine Zeichnung angefertigt haben, kann diese nun eine neue Dimension erhalten. Lassen Sie das Kind erzählen, was es gemalt hat, und anschließend einen QR-Code des Erzählten erstellen, den Sie neben der Zeichnung platzieren. Fotografien von Vögeln und anderen Tieren können ebenfalls mit einem QR-Code weiterentwickelt werden. Durch das Scannen des Codes können die Kinder sich anhören, wie der Vogel oder das Tier klingt, während sie gleichzeitig das Bild betrachten. Nur die Fantasie setzt uns Grenzen.

Als wir zum ersten Mal mit QR-Codes arbeiteten, stellten wir fest, dass eines der Kinder einen Pullover mit einem QR-Code auf einem eingenähten Schild trug. Das Interesse war groß, und die Kinder fragten sich, was es damit auf sich hatte. So starteten wir eine Suche nach QR-Codes. Wir sahen uns im Kindergarten um und fanden QR-Codes sowohl in Spielzeugkatalogen als auch in der Regenbekleidung. Als wir sie mit einem QR-Reader auf dem Lerntablet auslasen, erhielten wir plötzlich Informationen über das gesamte Sortiment an Regenbekleidung von diesem Hersteller. Im Spielzeugkatalog gab es noch mehr Produkte zur Auswahl. Dort gab es sogar Werbevideos zum Anschauen. Die Kinder fanden dies sehr aufregend und begannen damit, alle QR-Codes zu sammeln, die sie nur finden konnten, sowohl im Kindergarten als auch zu Hause. Es waren viele, denn nachdem wir einmal auf sie aufmerksam geworden waren, sahen wir sie überall. Bald hatten wir eine Sammlung mit verschiedenen QR-Codes an der Wand, und viele von ihnen bewarben die Produkte, auf denen wir sie gefunden hatten.

Das Design der QR-Codes verleitete uns zu weiteren Nachforschungen, und wir erstellten QR-Codes auf verschiedene Arten. Mit selbstklebenden roten und schwarzen Plastikfolien, die wir in Streifen schnitten, erstellten wir große QR-Codes. Wir klebten sie auf große Pappbögen in einem Muster, das dem Muster der QR-Codes ähnelte. Es war auch möglich, schwarze und weiße Bügelperlen und Stiftplatten zu verwenden. Um einen QR-Code mit Bügelperlen zu erstellen, musste man sich jedoch viele Gedanken über das Muster machen. Die Kinder stellten fest, dass die Codes sehr unterschiedlich waren. Einige hatten viel dichtere Muster, und für die Perlenplatte sollte eines mit einem ziemlich dichten Muster gewählt werden. Die Kinder kamen auf die Idee, den Code auszudrucken, was es viel leichter machte. Es waren ein paar Versuche notwendig, um den Ausdruck in der richtigen Größe zu erhalten, aber dann konnte er als Muster verwendet werden. Als die Kinder entdeckten, dass die selbst erstellten QR-Codes nicht gescannt werden konnten, waren sie enttäuscht. Vor allem die Perlenplatten erschienen ihnen wie echte QR-Codes und sollten daher funktionieren. Wir entschieden uns dann, die selbst erstellten QR-Codes mit einer App namens *HP Reveal* (ehemals *Aurasma*) zu kombinieren. *HP Reveal* basiert auf der Technik der Augmented Reality.

Augmented Reality und QR

In der *Augmented Reality* oder *AR*, wie sie abgekürzt wird, wird der Wirklichkeit eine weitere Ebene hinzugefügt. Sie ist mit Virtual Reality, kurz *VR*, vergleichbar, die eine vollständig simulierte Welt zeigt. Denken Sie an den Weitsprung im Fernsehen, wenn ein Strich im Sand anzeigt, wie weit der Springer kommen muss, um eine Medaille zu gewinnen. Er wird dem Zuschauer nur zur Veranschaulichung gezeigt und ist für den Springer im Sand nicht sichtbar. Es handelt sich um eine erweiterte Realität. Sie fügt eine zusätzliche Dimension hinzu und verwischt die Grenze zwischen real und digital. Diese Technologie ist auf dem Vormarsch, und viele kennen sie beispielsweise aus dem Spiel *Pokémon Go*, das im Sommer 2016 herauskam. Über das Lerntablet oder ein Smartphone sieht die Realität genauso aus, wie sie tatsächlich aussieht, während die Pokémons um einen herum auf dem Bildschirm gezeigt werden. Durch das digitale Werkzeug sieht es so aus, als wären die Figuren tatsächlich dort, aber außerhalb des Bildschirms existieren sie natürlich nicht.

Das Zusammentreffen von traditionellem und digitalem Material

Die App *HP Reveal* ist eine Variante der *AR*. Anstatt einen QR-Reader zum Scannen der Codes zu verwenden, benutzten wir jetzt *HP Reveal*. Die App kann mit jedem beliebigen Objekt verknüpft werden, und hier fanden wir unseren Anwendungsbereich. Indem wir eine *HP Reveal*-Aura über unsere selbst erstellten QR-Perlenplatten legten, funktionierten sie genau wie ein QR-Code.

Die Kinder wollten die QR-Perlenplatten benutzen, um Aufgaben für ihre Freunde draußen auf dem Hof zu erstellen. Wir haben Kurzfilme mit Aufgaben erstellt: so hoch wie möglich schaukeln, um den Sandkasten herum balancieren oder einen Purzelbaum machen. Wir luden die Filme als Auren in die App und luden sie dann auf die Perlenplatten, die wir im Hof aufstellten. Die Kinder filmten beim Erstellen der Aufgaben nur ihre Füße, sodass wir nicht über das Gesetz über personenbezogene Daten nachdenken mussten. Bald waren die

Kinder, die *HP Reveal* zum Ablesen der QR-Codes von den Perlen verwendeten, in vollem Gange. Die Kinder führten die Aufgaben aus und gingen dann zur nächsten Perlenplatte über, um zu scannen, welche Aufgabe als nächstes dran war. Der Hof bekam allein dadurch einen neuen aufregenden Rahmen, dass es überall versteckte Aufgaben gab.

Traditionelle Aktivitäten treffen auf moderne Technik

Bei der Arbeit mit QR-Codes lernten die Kinder, wie *HP Reveal* funktioniert. Die Kinder waren fasziniert von der Idee versteckter Auren überall im Kindergarten und begannen, sie überall zu platzieren. Es gibt eine Menge vorgefertigter Auren zur Verwendung, mit Zeichentrickfiguren, die lustige Sachen machen, wie z. B. jonglierende Clowns, einen Seehund im Zirkus, Ninja-Männchen, einen Boxring und vieles mehr. Die Kinder fotografierten die Umgebung des Kindergartens und platzierten die Auren dort. Dann holten sie einen Erzieher, der die Auren suchen musste. Es war jedes Mal erneut aufregend! Ein prickelndes Gefühl zu wissen, dass sich in der Zimmerdecke oberhalb des Esstischs ein Fahrrad fahrender Clown befindet.

Mit QR-Codes und *HP Reveal* erhalten die Kinder die Möglichkeit, mit moderner Technik zu experimentieren. Indem wir analoges und digitales Erschaffen mischen, geben wir ihnen mehr Ausdrucksmöglichkeiten und die Zugehörigkeit zur modernen Gesellschaft. Indem die Kinder die Lernplattform im freien Spiel verwenden und erkunden können, finden sie ihre eigenen Anwendungsbereiche und erwerben ein vertieftes Wissen. Durch das wiederholte Ausprobieren festigt sich das Wissen, und die Arbeit mit digitalen Tools ist spielerisch und inspirierend. Das Lerntablet sollte in der Gruppe genau wie alle anderen Materialien verfügbar sein, nur dann wird es zu einem natürlichen Bestandteil des Alltags und die Kinder verwenden es, wann immer sie wollen und es brauchen.

Übungen zur Zusammenarbeit mit QR-Codes

Ein anderes Mal erstellten wir Erzieher die QR-Codes. Es waren acht verschiedenen QR-Codes mit jeweils einer Aufgabe pro Code. Die Aktivität wurde mit Kindern aus einer altersübergreifenden Gruppe zusammen mit den ältesten Kindern des Kindergartens durchgeführt, mit der Intention die Zusammenarbeit zu trainieren. Wir wollten auch, dass die Kinder über verschiedene Konzepte nachdachten. Am wichtigsten war dabei nicht, die Aufgaben so schnell wie möglich zu lösen. Es gab auch kein eindeutiges Ergebnis, sondern die Aufgaben konnten auf verschiedene Arten gelöst werden. Interessant waren die Diskussionen über die Konzepte und wie die Kinder die Aufgaben lösten. Wir teilten die Kinder in Kleingruppen ein. Jede Gruppe bestand aus fünf Kindern, und neben einem Lerntablet bekamen sie acht ausgedruckte QR-Codes. Die Aufgaben waren unterschiedlich. Beim Auslesen der Codes erhielten sie mündliche Anweisungen zu den Aufgaben.

„Sucht einen Kreis, ein Quadrat und ein Dreieck."
„Schreibt euren Namen."
„Baut einen Turm, der so hoch ist wie ihr."
„Singt ein Lied, das jeder in der Gruppe kennt."
„Sucht etwas, das groß ist, und etwas, das klein ist."
„Sucht etwas, das schwer ist, und etwas, das leicht ist."
„Stellt euch so auf, dass der Kleinste von euch zuerst und der Größte zuletzt in einer Reihe steht."
„Fangt ein Pokémon."

Es war spannend zu sehen, wie die verschiedenen Gruppen mit den QR-Codes umgingen. Eine Gruppe ging methodisch vor und legte alle QR-Codes auf einen Stapel, wählte einen aus, las ihn aus und führte die Aufgabe aus, um dann zum nächsten überzugehen. Eine andere Gruppe legte alle QR-Codes auf dem Boden aus und las einen von ihnen aus und führte die Aufgaben aus, bevor sie den nächsten auslas. Die Schwierigkeit für sie bestand darin, dass sich die QR-Codes recht ähnlich sehen, sodass sie keine Ahnung hatten, welche sie bereits ausgelesen hatten. Dies führte dazu, dass die Kinder den gleichen Code mehrmals auslasen. Schließlich kamen sie auf die gute Idee, die Aufgaben danach zu sortieren, welche sie bereits ausgeführt hatten und welche sie noch ausführen mussten.

Die Art und Weise, die verschiedenen Aufgaben auszuführen, variierte ebenfalls. Die Diskussionen darüber, was schwer und was leicht war, waren faszinierend zu hören. Einige der Kinder beharrten darauf, sich stark zu fühlen, und waren nicht der Meinung, dass ein Gegenstand schwer sei. Dies führte dazu, dass die Gruppe sehr beschäftigt war etwas zu finden, das schwer genug war, sodass die Kinder auch zugeben konnten, dass der Gegenstand tatsächlich schwer war. Andere Gruppen konzentrierten sich darauf, dass die Beziehung zwischen den Gegenständen von Interesse war und nicht die persönliche Meinung darüber, ob etwas schwer oder leicht war.

Am Ende hatten alle Kinder alle Aufgaben gelöst, und wir sprachen abschließend darüber, was schwierig und was einfach gewesen war. Sie verglichen, wie die verschiedenen Gruppen die Aufgaben gelöst hatten und konnten feststellen, dass es unterschiedliche Lösungsansätze gab, die Ergebnisse jedoch trotzdem korrekt waren. Als es um den Schwierigkeitsgrad ging, entstanden mehrere interessante Diskussionen. Eine Gruppe zeigte ihre verschiedenen Gegenstände. Ein einzelner Legostein und eine ganze Schachtel Lego. „Das fandest du schwer? Ich kann sie ganz einfach hochheben", kommentierte ein Kind direkt die Schachtel Lego. Diejenigen Kinder, die den Fokus auf die Beziehung zwischen den Gegenständen gelegt hatten, erklärten, dass dies keine Rolle spielte. „Es ist klar, dass die Schachtel Lego viel schwerer ist als ein einzelner Legostein, wenn man sie vergleicht." Die Diskussionen führten dazu, dass sich die Kinder gegenseitig dabei halfen, das Konzept des Vergleichens zu verstehen.

Durch den Einsatz von QR-Codes geben wir Kindern die Möglichkeit, unabhängiger zu werden. Es gibt viele Situationen, in denen wir den Kindern Aufgaben erteilen oder Anweisungen geben müssen. Steckt die Aufgabe in einem QR-Code, können die Kinder selbstständig auf die Anweisungen zugreifen, ohne dass ein Erwachsener sie für sie vorliest. Sie können sich die Anweisungen auch mehrmals anhören. Ein Organisationsspiel ist auch eine gute Gelegenheit, um Probleme zu lösen, was wir bei der Arbeit mit dem Programmieren üben. Die Fähigkeit, ein großes Problem, beispielsweise das Erledigen von acht Aufgaben, in kleinere Probleme zu unterteilen, macht das Ganze ziemlich einfach. Es ist auch gut, jede Aufgabe an sich zu unterteilen. Es geht darum, Kenntnisse aus einer Situation in eine andere zu übertragen.

QR-Codes und Lieder

Am Ende des Frühjahrshalbjahres organisiert unser Kindergarten ein Sommerfest, zu dem wir die Erziehungsberechtigten und Geschwister einladen, den Sommer mit uns zu feiern. Während des Sommerfestes singen die Kinder normalerweise ein paar Lieder zusammen. Dies ist ein geschätzter Bestandteil, und wir singen die Lieder, die während des Jahres am beliebtesten waren, und das ein oder andere Sommerlied. Da wir mehrere Gruppen haben, sind nicht immer alle Kinder sicher in allen Liedern, weshalb wir gewöhnlich einige von ihnen üben. Im vergangenen Frühjahr beschloss ich, den Kindern die Möglichkeit zu geben üben zu können, wann und so oft sie selbst wollten. Ich versammelte alle Kinder und sagte ihnen, dass wir alle Lieder aufnehmen und QR-Codes für sie erstellen würden, sodass sich die Kinder die Lieder anhören und üben könnten, wann immer sie wollten.

In *Cloud QR* kann man auswählen, nur Audiodateien aufzuzeichnen, und dies taten wir, für ein Lied nach dem anderen. Die Kinder hörten sich hinterher jedes Lied an und entschieden, ob sie mit der Audioaufnahme zufrieden waren.

War dies der Fall, erstellten wir den QR-Code. Als wir mit allen Aufnahmen zufrieden waren, hatten wir einen QR-Code für jedes Lied. Der nächste Schritt bestand darin, alle Codes auszudrucken und auszuschneiden. Nach dem Laminieren hängten wir sie in einer für die Kinder passenden Höhe an die Wand, sodass sie sie auslesen konnten. Wir veröffentlichten sie auch im Blog des Kindergartens, damit diejenigen, die dies wollten, die Lieder auch zu Hause anhören und üben konnten. Die Kinder verwendeten die Codes fleißig. Sie scannten den Code ab, hörten zu und sangen mit, als sie sich selbst die Lieder singen hörten. Die gemeinsamen Übungsstunden fielen ungewöhnlich spärlich aus, und wir konnten uns auf andere Dinge konzentrieren, wie etwa, uns mögliche Bewegungen für die Lieder auszudenken, die wir singen wollten und wo wir stehen sollten. Die Lieder konnten die Kinder bereits, nachdem sie mithilfe der QR-Codes allein oder zusammen mit Freunden geübt hatten.

Durch das Erstellen von QR-Codes gewinnen die Kinder Macht über ihr eigenes Lernen. Sie können üben, wann immer sie Lust dazu haben, entweder alleine oder in einer Gruppe. Die Freude am Singen dominiert anstelle der Mühe mit dem Erlernen der Lieder. Die Kinder, denen das Singen am meisten Spaß macht, können mit ihrer Begeisterung ihre Freunde anstecken, wenn sie die Codes scannen und singen.

QR-Codes mit den Jüngsten im Kindergarten

Das Erstellen eines QR-Codes aus einem Ton oder einem Bild erfordert eigentlich nur ein paar Berührungen auf dem Bildschirm des Lerntablets. In der App *Cloud QR* wird ein Menüteil angezeigt, der aus Bildern mit erläuternden Texten darunter besteht. Die Kinder können leicht an der Erstellung ihrer eignen QR-Codes sowohl mit Ton als auch mit Bild beteiligt sein. Die Geräusche verschiedener Tiere imitieren zu können ist eines der ersten Dinge, die wir Kleinkinder üben lassen. Die meisten Kinder können eine Katze, einen Hund oder ein anderes Tier nachahmen, wenn sie in den Kindergarten kommen.

Die jüngsten Kinder saßen auf dem Fußboden und spielten mit den Spielzeugtieren, als ich ein Lerntablet nahm und mich zu ihnen setzte. Im Spiel ahmten die Kinder die Tiere nach und liefen mit ihnen auf dem Boden herum. Ich begann mit ihnen darüber zu sprechen, wie sich die verschiedenen Tiere anhören. Sie hatten einen Hund, ein Pferd und einen Elefanten, und die Kinder konnten die Geräusche der Tiere imitieren. Der Elefant trötete, der Hund bellte, und das Pferd wieherte. Ich nahm das Lerntablet hervor und fragte die Kinder, ob sie die Tiere fotografieren wollten. Eines der Kinder, ein anderthalbjähriges Mädchen, stellte den Hund hin und bellte wie ein Hund. Ich öffnete die App *Cloud QR* und wählte die sprechende Bildvariante aus. Als ich fragte, ob sie den Hund fotografieren wolle, erkannten sie direkt das Kamerasymbol und drückte darauf. In diesem Modus öffnete sich das Kamerafenster, und sie sah den Hund auf dem Bildschirm. Das Drücken des Knopfes und Fotografieren des Hundes waren einfach. Sie hatte bereits mit einem Smartphone oder Lerntablet fotografiert, aber das Timing zwischen der Aufnahme und dem Hundebellen war etwas schwieriger. Ich wollte so wenig Umgebungsgeräusche wie möglich dabeihaben, also startete und stoppte ich die Aufnahme. Auf diese Weise war meine Frage „Was sagt der Hund?" nicht zu hören, was ich besser fand. Als die Audioaufnahme fertig war, konnten wir zuhören und das Bild des Hundes ansehen, und das Kind war mächtig stolz.

Digitales Erschaffen

Die anderen Kinder fanden dies spannend, schlugen neue Tiere vor und imitierten wie sie klangen. Einige der großen Kinder kamen dazu und schauten zu. Als eines der jüngeren Kinder nach einer Katze fragte und diese imitierte, obwohl wir keine Katze hatten, waren sie sofort bereit zu helfen. Ein Junge bot an, eine Katze zu zeichnen, und die anderen suchten in der gesamten Abteilung der Gruppe nach einer Katze. Schließlich hatten wir zwei Katzen, eine gezeichnete und eine Plüschkatze, sodass wir zwei unterschiedliche Katzen aufnahmen. Für die Audioaufnahme mit der gezeichneten Katze entschied ich mich, meine Frage, wie die Katze klinge, dazuzunehmen. Dies sollte verdeutlichen, dass das Bild eine Katze darstellte. Als die Kinder, die einen QR-Code erstellen wollten, dies getan hatten, druckte ich ihn aus, laminierte ihn und hängte ihn in einer passenden Höhe an die Wand, sodass die Kinder ihn auslesen und die Tiere anschauen und anhören konnten, wann immer sie wollten. Die Wand wurde zu einer Quelle der Kommunikation zwischen den Kindern. Sie scannten sie ab, hörten zu, lachten, zeigten einander und den Erwachsenen, wie sehr ihnen das gefiel, was sie geschaffen hatten. Sie wussten, wer was machte und sprachen auch darüber. Außerdem lernten sie schnell, welches Tier sich hinter welchem Code verbarg.

Indem die Kinder an der Erstellung ihrer eigenen QR-Codes beteiligt sind, können sie ein Gefühl für die Möglichkeiten des Lerntablets bekommen. Es handelt sich nicht nur um eine Maschine zum Spielen, sondern mit ihm können auch Dinge erschaffen werden. Der QR-Code bleibt bestehen und kann mit anderen geteilt werden. Die Codes werden zu einer Quelle der Kommunikation und zu einer Möglichkeit für die Kinder, in der digitalen Gesellschaft einen ersten Schritt als Produzent anstatt als Konsument zu unternehmen.

Schlusswort

Ich begann im Herbst 2014 mit dem Programmieren zu arbeiten. Damals gab es nicht viele, die sich bereits mit dem Thema beschäftigten. Inzwischen sind wir im Jahr 2020 angekommen, und es hat eine Veränderung stattgefunden. In den Kindergärten des ganzen Landes wird inzwischen damit gearbeitet, aber es hängt noch immer vom Interesse der Erzieher ab, ob sich dem Thema gewidmet wird oder es verschlossen bleibt. Diejenigen, die sich selbst für moderne Technologien interessieren und sich mit digitalen Werkzeugen sicher fühlen, sind meist auch diejenigen, die diese in den Aktivitäten im Kindergarten anwenden. Ich hoffe, dass dieses Buch so vielen Menschen wie möglich den Mut gegeben hat, sich gemeinsam mit den Kindern um den Erwerb von digitaler Kompetenz und dem Thema Programmieren zu beschäftigen, und dass es grundlegende Konzepte vereinfacht und erklärt sowie Inspiration und verschiedene Perspektiven für den Einstieg in die Arbeit bietet. Beginnen Sie die Arbeit mit dem, worauf Sie Zugriff haben. Lassen Sie die Kinder das digitale Denken üben. Für die Überarbeitung des Lehrplans müssen alle Einsatz zeigen. Wir müssen uns im Kindergarten mit digitaler Kompetenz auseinandersetzen. Ich hoffe, dieses Buch ist eine Stütze und Hilfe für Sie, um damit anzufangen.

Die technische Entwicklung ist extrem schnell, und dies bedeutet, dass immer mehr Gegenstände in unserem Umfeld eine Art Computer in sich tragen. Ein Auto verfügt über ein Navigationssystem, es gibt Hunde- und Katzenhalsbänder mit eingebautem GPS und Waschmaschinen, die die Wäschemenge, den Textiltyp und den Verschmutzungsgrad der Wäsche erkennen, um die richtige Menge an Waschmittel zu dosieren. Programmierte Dinge gibt es überall. Autos, Rasenmäher, Türen, Lampen, Alarmanlagen, Wasserhähne: überhaupt nicht bizarre und ganz selbstverständliche Gegenstände. Es ist faszinierend, dass es selbstfahrende Autos gibt, aber seltsam ist das nicht. Diese und viele weitere smarten Dinge gibt es heute bereits. Wie die Digitalisierung sich entwickeln wird und welche weiteren digitalen Produkte auf den Markt kommen werden, können wir nicht einmal erahnen. Wir leben in einer Welt, in der bald alle Gegenstände einen Computer in sich tragen werden.

Wie schnell das geht und vor allem wie schnell sich die Kinder die Digitalisierung zu eigen machen, wurde mir bewusst, als wir darüber sprachen, was alles programmiert ist. Viele Dozenten haben in Texten, in Artikeln und Büchern über ähnliche Gespräche über die Digitalisierung in Kindergärtnen und Schulen geschrieben. Alle berichten von Gesprächen, in denen die Kinder darüber staunten, wie viel um sie herum programmiert ist. Meine Erfahrung ist eher, dass dies für die Kinder selbstverständlich ist.

Wenn wir den Kindern die Möglichkeit bieten, sich frühzeitig mit dem Thema Programmieren auseinanderzusetzen und digitale Kompetenz zu erwerben, dann schaffen wir die Voraussetzungen dafür, dass sie sich ausgehend von ihrem selbstverständlichen Blick auf digitale Werkzeuge von Konsumenten moderner Technologie zu Produzenten weiterentwickeln. Wir vermitteln ihnen die Erkenntnis, dass Technologie etwas ist, das für sie da ist, und dass sie an der Gestaltung der Zukunft beteiligt sind. Die Technologie ist vorhanden und verfügt über endlose Möglichkeiten und ist nicht schwierig, langweilig oder trist. In der digitalen Gemeinschaft können sie an der Schaffung einer nachhaltigen, herausfordernden, inhaltsreichen und angenehmen Welt mitwirken.

Literaturverzeichnis

Alexandersson, Kristina; Internetstiftung in Schweden. Vortrag auf der Lehrerkonferenz des Internationalen Wissenschaftsfestivals, 18. Mai 2017. Göteborg

Brising, E. R. (2016) *Brist på forskning om IT*, abgerufen unter http://forskolan.se/ brist-pa-forskning-om-it-i-skolan/ [28.05.2017]

Europäische Gemeinschaften. Amt für Veröffentlichungen der Europäischen Union (2007) *Nyckelkompetenserna för livslångt lärande En europeisk referensram.* Luxemburg, abgerufen unter https://center.hj.se/download/18.364f88fa12fd35278838000423/1440138058184/keycomp_sv.pdf [25.03.2017]

Heath, Carl; Research Institutes of Sweden Interactive. Vortrag auf der Lehrerkonferenz des Internationalen Wissenschaftsfestivals, 18. Mai 2017. Göteborg

Holmqvist, Anette & Paulsson, Jessica; Skolverket. Vortrag *Skolverket om förskolans digitalisering* auf der Messe SETT, 5. Mai 2017. Kista

Kista Kättström, D. (2016) *Digitaliseringen förändrar hela vår värld*, abgerufen unter http://www.forskning.se/2016/04/12/digitaliseringen-forandrar-he-la-var-varld/ [06.05.2017]

Lannvik Duregård, M. (2017) *Gör eleverna till nyhetsgranskare*, abgerufen unter http://lararnastidning.se/gor-eleverna-till-nyhetsgranskare/ [28.05.2017]

Lundström, K. (2016) *Forskare: Programmering i skolan är ett sätt att få eleverna att greppa världen*, abgerufen unter http://computersweden.idg. se/2.2683/1.653443/programmering-skolan [07.05.2017]

Porat, Jerker; Teacher Ambassador bei Microsoft Schweden. Vortrag auf der Lehrerkonferenz des Internationalen Wissenschaftsfestivals, 18. Mai 2017. Göteborg

Regeringskansliet (2017b) *För ett hållbart digitaliserat Sverige – en digitaliseringsstrategi*, abgerufen unter http://www.regeringen.se/49adea/contentassets/5429e024be6847fc907b786ab954228f/digitaliseringsstrategin_slutlig_170518-2.pdf [19.05.2017]

Skolverket (2018) *Läroplan för förskolan: Lpfö 18.* Stockholm: Utbildningsdepartementet, Regeringskansliet.

Skolverket (2018) *Förändringar och digital kompetens i styrdokument*, abgerufen unter https://www.skolverket.se/temasidor/digitalisering/digital-kompetens [22.10.2018]

Skolverket (2015) *Forskningsbaserat arbetssätt för ökad kvalitet i skolan*, abgerufen unter http://skolverket.se/skolutveckling/forskning/forskningsbaserat-ar-betssatt [29.05.2017]

Skolverket (2016) *Läroplan för förskolan: Lpfö 98*. Stockholm: Utbildningsdepartementet, Regeringskansliet.
Stockholm: Bildungsministerium, Regeringskansliet
Skolverket (2017) *Planera och organisera för Läslyftet i förskolan Skolverket 2017*, abgerufen unter https://www.skolverket.se/polopoly_fs/1.259475!/Planera%20och%20organisera%20f%C3%B6r%20L%C3%A4slyftet%20i%20f%C3%B6rskolan%20170327.pdf [25.03.2017]
Stiftung für strategische Forschung (2014). *Vartannat jobb automatiseras inom 20år*, abgerufen unter http://stratresearch.se/wp-content/uploads/varannat-jobb-automatiseras.pdf [06.05.2017]
Åberg, D. (2015) *Linda Liukas: „Du måste tala och tänka så att datorn förstår"*, abgerufen unter http://internetworld.idg.se/2.1006/1.636187/tala-och-tanksa-att-datorn-forstar [07.05.2017]